참 쉬운 베란다 텃밭 가꾸기

참 쉬운
베란다 텃밭 가꾸기

초판 인쇄일 2017년 5월 15일
초판 발행일 2017년 5월 22일
3쇄 발행일 2021년 5월 26일

지은이 야미가든
발행인 박정모
등록번호 제9-295호
발행처 도서출판 혜지원
주소 (10881) 경기도 파주시 회동길 445-4(문발동 638) 302호
전화 031)955-9221~5 팩스 031)955-9220
홈페이지 www.hyejiwon.co.kr

기획·진행 박혜지
디자인 김보라
영업마케팅 황대일, 서지영
ISBN 978-89-8379-933-3
정가 16,000원

Copyright © 2017 by 야미가든 All rights reserved.
No Part of this book may be reproduced or transmitted in any form,
by any means without the prior written permission on the publisher.

이 책은 저작권법에 의해 보호를 받는 저작물이므로 어떠한 형태의 무단 전재나 복제도 금합니다.
본문 중에 인용한 제품명은 각 개발사의 등록상표이며, 특허법과 저작권법 등에 의해 보호를 받고 있습니다.

이 도서의 국립중앙도서관 출판예정도서목록(CIP)은 서지정보유통지원시스템 홈페이지(http://seoji.nl.go.kr)와
국가자료공동목록시스템(http://www.nl.go.kr/kolisnet)에서 이용하실 수 있습니다.(CIP제어번호: CIP2017009122)

참 쉬운
베란다 텃밭 가꾸기

혜지원

Contents

베란다 텃밭을 시작하면서 … 7
매력이 넘치는 장소, 베란다 텃밭이 좋은 이유! … 9
베란다 텃밭을 시작하려면? … 11

Part 01
베란다 텃밭 준비하기

1. 물은 언제, 어떻게 주면 좋을까? … 17
2. 좋은 흙이란? … 21
3. 절대 실패할 일 없이 씨앗 발아시키는 방법 … 23
4. 파종하는 방법 … 25
5. 모종 옮겨 심기 … 27
6. 비료 주기 … 31
7. 식물 관리법 … 35
8. 식물 상태 진단과 처방법 … 39

Part 02
무지갯빛 알록달록
베란다 텃밭 만들기

1. 4계절 내내 분홍색 꽃이 피는 **관하딸기** … 47
2. 처음 재배를 시작한다면 **루비 근대** … 51
3. 미니미니한 귀여운 **주황 당근** … 55
4. 앉아서 크는 토마토 **앉은뱅이 황금 방울토마토** … 61
5. 의외로 잘 크는 **노랑 파프리카** … 67
6. 골라서 키우는 재미가 있는, 국민 쌈채소 **그린 상추** … 71
7. 여름에 폭풍 성장하는 **피클 오이** … 77
8. 가을에 꼭 파종해야 할 **브로콜리** … 81
9. 심기만 하면 쑥쑥 자라는 건강전도사 **밀싹** … 87
10. 매운 멕시코 고추 **그린 할라피뇨** … 91
11. 매년 풍성한 열매를 맺어주는 **블루베리** … 97
12. 동글동글 열매가 작은 **퍼플 벨가지** … 103
13. 탐스러운 열매 **무화과** … 107
14. 보면 볼수록 귀여운 **핑크 래디시** … 113
15. 하루가 다르게 무럭무럭 자라는 **새송이버섯** … 117

Part 03
꽃과 허브가 있는
낭만 베란다 정원 만들기

1. 스윗바질과 레몬 향이 솔솔 **레몬바질** … 123
2. 쌉싸름하고 고소한 마성의 **루꼴라** … 127
3. 꽃보다 꽃받침 **로젤 히비스커스** … 131
4. 초콜릿 향이 나는 보라색 꽃이 피는 **헬리오트로프** … 137
5. 설탕의 단맛을 그대로 **스테비아** … 141
6. 청량함 가득! **애플민트** … 147
7. 천 일 동안 감성을 간직할 수 있는 꽃 **천일홍** … 151
8. 보랏빛 별을 따다 줄까 **보리지** … 155
9. 아름다운 꽃 정원을 만들고 싶다면 꼭 키워야 할 **제라늄** … 159
10. 1년 내내 꽃이 잘 피고 오래가는 **칼랑코에** … 165
11. 겨울에 태어나는 아이 **비올라 꽃** … 169

Part 04
가드닝 초보자에게
강력 추천 식물 Best 4

1. 토끼귀 선인장 **백도선** … 175
2. 우리집 공기는 내가 맡는다. 공기정화 능력이 탁월한 **스투키** … 179
3. 흙 없이도 자라는 공중식물 **틸란드시아 이오난사** … 183
4. 나만의 쁘띠 어항, 애완식물 **마리모** … 187

Part 05
매일 즐기는 베란다 텃밭
푸드 라이프

1. 당근 요리1 매일 건강하게 디톡스 **마녀 수프** … 193
2. 당근 요리2 채소 가득한 **버몬드 카레** … 195
3. 당근 요리3 이탈리안 오믈렛 **프리타타** … 197
4. 바질 요리1 독특한 향으로 자꾸만 손이 가는 **바질페스토** … 199
5. 바질 요리2 휘리릭, 15분 만에 완성되는 간단요리! **바질페스토 파스타** … 201
6. 루꼴라 요리1 집에서도 브런치 카페처럼 근사하게 **루꼴라 피자** … 203
7. 루꼴라 요리2 건강한 속재료가 풍부한 **루꼴라 오니기라즈** … 205
8. 방울토마토1 쫀득한 식감에 풍미가 넘치는 **드라이토마토 올리브 절임** … 207
9. 방울토마토2 알록달록 눈으로 즐기는 **방울토마토 키슈** … 209
10. 베이비채소 요리1 나들이 도시락으로 딱 좋은 **치아바타 샌드위치** … 211
11. 베이비채소 요리2 아삭아삭 베이비채소 듬뿍 올린 **히야시 소바** … 213
12. 파프리카 요리1 한 끼 다이어트 식사로 상큼한 **파프리카 샐러드** … 215
13. 파프리카 요리2 아삭아삭한 식감의 채소 듬뿍 **파프리카 월남쌈** … 217
14. 상추 요리1 국민 쌈채소의 색다른 변신! **병아리콩 상추 샐러드** … 219
15. 상추 요리2 간단하면서도 맛있게 먹을 수 있는 **상추 마요 덮밥** … 221
16. 블루베리 요리 너무 귀여워 먹기 아까운 **블루베리 미니 케이크** … 223
17. 애플민트 요리 과즙이 풍부한 **무알콜 자몽 모히토** … 225

Part 06
4계절 내내
베란다 정원 감성 더하기

1. 봄. 꽃을 더 오래 감상할 수 있는 **라넌큘러스 꽃꽂이** … 229
2. 봄. 소녀 감성 가득 **비올라 압화 핸드폰 케이스** … 231
3. 여름. 열대우림 속 싱그러움 그대로 **프리저브드 식물 액자 만들기** … 235
4. 여름. 상큼함을 느끼고 싶다면 **애플민트 허브 물꽂이** … 237
5. 가을. 꽃의 모습을 오래오래 간직하는 **드라이플라워 만들기** … 239
6. 가을. 말린 꽃으로 장식한 **소이캔들 만들기** … 243
7. 겨울. 작지만 연말 느낌 물씬 나는 **율마 크리스마스 트리** … 247

PROLOGUE

베란다 텃밭을 시작하면서

저는 어릴 때부터 항상 방학이 되면 시골에 있는 할머니 집에서 지내곤 했었습니다. 그 흔한 오락기나 텔레비전 하나 없는 곳이었지만, 자연과 함께 놀면서 맘껏 힐링할 수 있었던 시골은 지금까지도 저에게는 소중한 추억이 있는 곳입니다. 특히 할머니께서 아침에 차려주신 시골 밥상은 쌀밥 한 공기에 텃밭에서 직접 키우신 깻잎과 상추 그리고 시골 쌈장까지 온갖 채소들뿐이었지만 시골 냄새가 가득한 그 밥상이 이상하게도 저는 너무 맛있었습니다.

할머니께서 돌아가신 이후부터는 채소를 사다 먹게 되었는데 이상하게도 할머니 텃밭 채소만큼의 맛은 나지 않았습니다. 대체 왜 같은 채소인데 그때 그 맛이 나지 않을까 생각만 하다가 우연히 간 농사체험을 하고 나서 문득 할머니처럼 직접 키우면 그 맛이 나지 않을까 해서 집 베란다에서 채소를 하나 둘씩 키우기 시작하였습니다. 그렇게 무농약으로, 화학비료 없이 직접 키워낸 채소들은 싱싱하였으며 아삭한 식감에 향과 풍미가 깊고, 맛도 더 달았습니다. 아마 시골에서 직접 키운 텃밭 채소의 맛에 길들여져 있었던 제가 베란다 텃밭을 시작하게 된 것은 어찌 보면 당연한 일이었습니다.

그렇게 깻잎, 상추와 같은 간단한 잎채소부터 시작해서 더 나아가 열매채소까지 집 베란다에서 다양한 채소들을 풍족하게 가꾸게 되었습니다. 채소를 키우면서 자연스레 식물에 대한 관심이 높아지고 나름의 노하우가 생겨서 지금은 채소뿐만 아니라, 허브와 꽃, 관엽식물, 다육식물, 선인장 등 다양한 식물을 키워 나만의 채소 베란다 텃밭과 실내정원까지 만들게 되었습니다.

이렇게 풍성한 텃밭 정원을 가꾸기까지는 베란다에서 사용하는 화분 선반대를 손수 제작해주신 아버지, 항상 새로운 식물을 키울 때마다 응원해주시고 바쁠 때는 대신 베란다 텃밭 정원을 돌보아 주신 어머니의 도움이 컸습니다. 지금의 제가 있을 수 있도록 텃밭 정원을 사랑하고 가꿔주신 두 분께 감사의 말씀을 드립니다.

이 책은 제가 베란다 텃밭을 하면서 생긴 식물을 키우는 노하우와 식물을 응용해 활용하는 팁들을 정리한 것입니다. 텃밭을 가꾸려고 하는 모든 분들에게 도움이 되며 이 책과 함께 식물을 키우는 재미와 힐링을 느낄 수 있게 되길 바랍니다.

매력이 넘치는 장소, 베란다 텃밭이 좋은 이유!

1. 관리가 수월합니다.

주말농장이나 노지 텃밭에서 식물을 키우게 되면 벌레뿐만 아니라 태풍이나 폭우 등 자연재해의 피해를 받을 수 있습니다. 그리고 텃밭이 집과 가깝지 않은 경우에는 자주 나가서 식물을 돌보기가 힘듭니다. 하지만 집 베란다에 있는 텃밭이라면 비가 내려도, 태풍이 불어도, 추운 겨울이어도 365일 바깥 날씨와 상관없이 매일매일 식물을 돌보면서 키울 수 있습니다.

2. 마음을 힐링할 수 있어요.

누구보다도 제일 먼저 사계절의 변화를 집 베란다 텃밭에서 만끽할 수 있습니다. 초록빛 가득한 식물이 파릇파릇하게 자라는 모습을 보면서 자연의 신비를 느낄 수 있고 기분 좋게 활기찬 하루를 보낼 수 있습니다. 삭막한 도시생활에서 보고만 있어도 행복한 베란다 텃밭 덕분에 저절로 마음이 힐링됩니다.

3. 건강한 채소와 허브를 키울 수 있습니다.

우리 가족이 먹을 채소와 허브를 무농약, 무화학비료로 건강하고 싱싱하게 키워 조금씩 바로바로 수확해서 먹을 수 있습니다. 화학비료나 농약을 써서 키우거나 익지도 않은 열매채소나 과일을 미리 따 후숙시켜 파는 마트표 채소와 달리 직접 키운 작물들은 크기는 작지만 훨씬 풍미가 있으며 맛이 좋습니다. 게다가 평소에는 잘 볼 수 없는 특이한 채소를 키워 색다른 요리를 하는 재미도 있습니다.

4. 아이들 교육에도 좋습니다.

식물이 씨앗부터 자라는 모습을 쭉 지켜보고 돌보면서 책임감을 느끼며, 생명의 소중함을 알게 되고, 편식하던 아이들도 채소에 관심을 가지게 되어 조금씩 채소를 먹을 수 있게 됩니다. 식물을 돌보면서 엄마와 함께하는 시간이 늘기 때문에 애착 관계를 형성하는데에도 도움이 많이 됩니다.

5. 감성 가득한 집을 만끽할 수 있습니다.

실외정원 못지않게 아름다운 꽃을 풍성하게 키울 수 있으며, 해가 길게 들고 10도 이하로 떨어지지 않는 남향 베란다 텃밭이라면 1년씩밖에 살지 못하는 1년초라도 다년초로 키울 수 있습니다. 베란다에서 키운 허브로 향긋한 아로마테라피가 가능하며 꽃을 말리거나 압화를 만들어 집안 장식 소품으로도 사용할 수 있습니다.

베란다 텃밭을
시작하려면?

1. 우리 집 베란다 텃밭의 특성 파악하기

베란다 텃밭에 로망을 품고 식물을 키우기 시작했는데 실패한 경험이 있다면, 아직 본인 집의 베란다 환경을 파악하지 못하고 있을 가능성이 큽니다. 햇빛이 얼마나 어느 정도 들어오는지를 아는 것이 첫 번째로 중요한 포인트!

남향의 베란다 텃밭이라면 무리 없이 각종 채소나 허브, 꽃 등을 키울 수 있습니다. 특히 가을, 겨울에 해가 길게 들어오기 때문에 추위에 강한 작물들을 늦여름에 부지런히 파종해둔다면 겨울에도 풍성한 텃밭을 가꿀 수 있습니다.

동향과 서향의 집은 해가 금방 지나가기 때문에 열매채소나 뿌리채소같이 일조량이 풍부해야 잘 자라는 작물을 키우기는 조금 어렵습니다. 잎채소나 반그늘에서도 잘 자라는 스파티필름, 아이비 등과 같은 관엽 식물이나 허브를 키우는 것이 좋습니다.

북향, 반지하, 집 앞의 높은 건물 때문에 그늘이 지는 곳 등은 보통 식물이 살기에는 햇빛이 많이 부족합니다. 그늘에서도 잘 자라는 고사리 같은 음지 식물이 적합하며 실내등만으로도 키울 수 있는 산세베리아과 식물이 좋으며, 단기간에 수확이 가능한 밀싹 등 새싹채소도 추천합니다. 늦가을부터 봄이 되기 전까지는 식물을 방에 들여놓아야 합니다.

그리고 굳이 베란다 공간이 아니더라도 바람이 잘 통하고 해가 잘 드는 장소에서도 소소하게 텃밭을 가꿀 수 있습니다.

2. 베란다 텃밭 공간 활용하는 법

베란다 공간은 한정되어 있지만 키우고 싶은 식물은 많아져 시간이 지나면 점점 화분이 늘어가기 마련입니다. 화분을 바닥에 놓고 키우는 것보다 공간 활용을 위해 3단 선반대를 두고 화분을 올려서 키우는 것을 추천합니다. 혹은 행잉걸이를 이용해 꽃이나 허브를 키우는 것도 하나의 방법입니다.

3. 베란다 텃밭에 필요한 가드닝 도구

- **모종삽** : 화분에 흙을 담거나 모종을 옮겨 심을 때, 흙을 섞을 때 사용합니다.
- **원예 가위** : 채소나 허브를 수확할 때 혹은 식물을 가지치기할 때 사용합니다.
- **물뿌리개** : 식물에 물을 줄 때 사용합니다.
- **분무기** : 공중습도를 높이기 위해 물을 뿌리거나 해충약 등을 잎에 뿌릴 때 사용합니다.
- **깔망** : 흙의 유실을 막아줍니다.
- **스티로폼 조각** : 화분 바닥에 깔아주면 바닥에서 찬기가 올라오는 것을 막아줍니다.
- **지주대** : 줄기가 쓰러지지 않게 식물을 지지해줍니다. 덩굴성 식물의 줄기를 유인합니다.
- **네임픽** : 파종 날짜와 식물의 이름을 적어 흙에 꽂아둡니다.
- **온습도계** : 베란다 실내의 온도와 습도를 잽니다.
- **원예 장갑** : 손에 흙이 많이 묻어 손이 거칠어지는 것을 막아줍니다.
- **스포이트, 물약병** : 해충약, 액체비료 등을 물에 희석시키기 위해 계량할 때 사용합니다.
- **스푼** : 복토할 때나 어린 싹을 옮겨 심기할 때 사용합니다.
- **송곳** : 화분 바닥에 구멍을 뚫기 위해 사용합니다.
- **화장솜** : 솜 파종하여 발아율을 높이기 위해 사용합니다.
- **핀셋** : 씨앗을 옮기거나 솎아내기를 할 때, 테라리움을 꾸밀 때 사용합니다.

4. 식물이 더 튼튼하게 자랄 수 있는 화분 선택하기

식물을 재배할 때는 식물의 특성과 크기에 맞게 화분을 골라야 합니다. 아이가 자라면서 좀 더 쾌적한 생활을 위해 더 넓고 큰 집으로 이사하는 것과 마찬가지로 식물도 식물 성장에 맞는 크기를 골라야 튼튼하게 잘 자랄 수 있습니다.

모종을 키우는 화분
지름이 7cm 정도의 작은 플라스틱 화분 또는 비닐 화분이 적당합니다.

열매채소용 화분

열매채소(토마토, 오이, 가지 등), 뿌리채소(당근, 감자 등)용 화분
깊이감이 있으며, 넓은 화분을 사용해야 합니다. 화분은 크기가 크고 깊이가 깊을수록 채소가 튼튼하게 자라며 많은 수확량을 기대할 수 있습니다.
- 열매채소는 가로 20cm 이상, 세로 30cm 이상
- 당근은 가로 20cm 이상, 세로 30cm 이상
- 감자, 고구마 등의 뿌리채소는 용량 20L 이상

잎채소용 화분

잎채소용 화분
상추 등 잎채소는 세로로 긴 화분을 사용하는 것이 좋습니다. 기다란 화분에 넉넉하게 파종해서 자랄 때마다 조금씩 솎아내주면서 수확하는 재미가 있습니다.

허브, 화초 등을 키우는 화분
기본적으로 가로·세로가 10cm 이상 되는 화분이면 됩니다. 키우다가 점점 커지면 큰 화분으로 분갈이해줍니다.

허브 꽃용 화분

다육식물용 화분
작은 다육식물은 아담하고 귀여운 화분에 심습니다. 점차 시간이 지나고 다육식물이 커지면 그때 더 큰 화분에 분갈이해줍니다.

다육식물용 화분

소재에 따른 화분의 특장점
- 비닐 화분 : 가격이 아주 저렴하지만 오래 사용하지 못하는 단점이 있습니다.
- 플라스틱제 화분, 그로우백 화분 : 가격이 저렴하며, 가벼워서 이동하기 쉽고 오래 사용할 수 있습니다.
- 우드 화분 : 멋스럽고 통기성이 좋지만 물을 주면서 사용할수록 나무가 썩게 되므로 오래 사용하지 못합니다.
- 토기 화분 : 통기성이 아주 좋으며 오래 사용하면 세월의 흔적이 남아 빈티지한 느낌이 좋습니다. 하지만 깨지기 쉬우며 크기가 큰 화분일수록 무겁고 이동하기가 어렵습니다.
- 세라믹 화분 : 디자인이 예쁜 것이 많으나, 깨지기 쉽습니다.
- 시멘트 화분 : 멋스러우나 크기가 큰 화분일수록 무거워 이동이 어렵습니다.
- 양철, 법랑 화분 : 가볍고 디자인이 예쁜 것이 많습니다. 바닥에 구멍을 뚫어야 하며, 녹이 슬 수 있습니다.

Part 01

베란다 텃밭 준비하기

물은 언제, 어떻게 주면 좋을까?

좋은 흙이란?

절대 실패할 일 없이 씨앗 발아시키는 방법

파종하는 방법 · 모종 옮겨 심기

비료 주기 · 식물 관리법

식물 상태 진단과 처방법

물은 언제, 어떻게 주면 좋을까?

길을 걸어가다가 화원 앞에 진열된 허브를 보고 파릇파릇 연둣빛에 반해 '키우기 쉬울까? 어려울까?' 고민하다가 풍성하게 자란 모습을 상상하며 결국은 사게 됩니다. 그리고 화원 주인에게 물을 얼마나 주면 되는지 물어봅니다. '1주일에 한 번씩 주면 돼요, 한달에 한 번씩 주면 돼요' 하는 화원 주인의 말을 철석같이 믿고 집에 와서 열심히 물을 주고 나면 어느샌가 시들어 죽어가는 허브들을 보고 식물 키우기가 꺼려진 경험이 한 번씩 있을 거라고 생각합니다. 하지만 사실 물을 주는 주기는 딱히 정해진 것이 없습니다.

물주기는 화분의 재질과 크기, 식물의 크기와 밀도, 흙의 배합 상태, 배수 상태, 일조량, 통풍 정도, 온습도 등의 식물이 자라는 환경에 따라 다소 빨라지거나 늦어질 수 있으므로 날짜를 정해 놓고 물주기를 하는 것은 바람직하지 못합니다. 날짜에 맞춰서 주는 게 아니라 흙의 마른 정도, 식물의 상태를 보고 물을 주어야 합니다.

물을 너무 뜸하게 주면 식물이 시들어 죽을 수 있으며, 찔끔찔끔 적게 주어도 식물은 잘 자라지 못하고, 물을 너무 많이 주면 뿌리에 산소가 부족해져 호흡하지 못해 썩게 됩니다.

첫 번째로 일단 식물에 물을 주기 전에 제일 중요한 사항은 바로 원산지와 자생지를 파악하는 것입니다. 식물이 원래 살던 환경이 어떠했는지 알게 되면 정말 큰 도움이 됩니다. 예를 들면 수국은 습지대에 주로 서식하는 식물이므로, 물을 말리지 않고 촉촉하게 유지해주는 게 좋습니다. 이런 식으로 식물이 살았던 환경과 비슷하게 만들어주면 물주기가 편해집니다.

두 번째! 기본적으로 물을 주어도 되는 시기를 파악하는 방법은 겉흙이 말랐는지를 살펴보는 것입니다. 화분 안의 흙을 손가락으로 쿡 찔러 보았을 때 흙에 물기가 거의 없고 푸슬푸슬하면 겉흙이 말랐다는 것인데 이때가 물을 주어도 되는 흙의 상태인 것입니다.

수분이 충분한 화분　　　　수분이 부족한 화분

세 번째 방법은 화분의 무게를 들어봅니다.
화분 속의 흙이 다 마른 것을 확인하는 방법은 화분을 들어 보면 됩니다. 화분을 들었을 때 무거우면 아직 흙에 수분이 많이 있는 것입니다. 흙이 속까지 잘 말랐다면 화분이 매우 가벼워지게 되는데 그때 물을 주면 됩니다.

네 번째로 화분의 흙이 다 말랐다고 해도 물을 자주 주지 않아도 되는 식물들이 있습니다. 이런 식물들은 잎의 상태, 줄기의 상태를 확인합니다.
일반적으로 물을 주는 시기가 지난 식물은 잎에 힘이 없고 축 늘어지거나 색이 누렇게 변색되기도 합니다. 사진의 모습은 물주는 시기가 많이 지나 흙 속 안까지 바짝 마르고 잎과 줄기 안에 수분이 부족해 힘없이 늘어진 허브민트의 모습입니다.

물이 충분한 경우에는 잎이 초록색이며 빳빳하고 힘 있습니다. 이런 경우에는 흙이 말라있다고 하더라도 굳이 물을 주지 않아도 됩니다. 과하게 물을 주면 뿌리가 상할 수 있으니 되도록 약간 건조하게 물 관리를 하는 것이 좋습니다.

다육식물과 선인장류, 큰 나무의 경우 물을 자주 주지 않습니다. 건조한 환경에서 살던 식물들은 흙이 계속 말라있는 것이 좋으며 다육식물은 잎 속에 수분을 저장하는 특성이 있기 때문에 오랜 기간 동안 물을 주지 않아도 됩니다. 종류와 크기에 따라서 최소 이주일, 한 달, 반년까지도 물을 주지 않습니다.
하지만 잎을 만져보았을 때 빳빳하지 않고 두께가 얇아지고 말랑거린다면 물을 주어야 합니다. 그렇지 않으면 아무리 건조함에 강한 선인장, 다육식물이라고 할지라도 잎이 점점 쪼그라들며 색이 변하고 시들어 죽게 됩니다.

물을 주는 시기를 파악했다면 이제 본격적으로 식물에 물을 줍니다. 기본적으로 물은 햇빛이 뜨거워지는 한낮을 피해 맑은 날, 오전 일찍 물을 줍니다. 수돗물을 하루 전날 미리 받아 염소성분을 날린 뒤 주면 좋습니다. 흙 2리터에 주는 물의 양을 보통 500mL 정도입니다(흙이 말라있다고 가정하에). 큰 화분일수록 들어가 있는 흙의 양이 많아지므로 물의 양을 늘려야 합니다. 꽃의 경우에는 물을 줄 때 되도록 꽃잎에 물이 닿지 않도록 해줍니다. 병에 담아서 물을 한번에 확 부어주면 나중에 흙이 단단하게 굳을 수 있으므로 되도록 물뿌리개로 뿌려 흙에 골고루 물이 스며들게 합니다.

계절에 따라서도 물주는 횟수가 조금씩 달라집니다. 식물이 왕성하게 성장하는 봄, 초여름에는 물을 자주 주며 한번 줄 때 아주 흠뻑 적셔줍니다. 고온다습한 한여름 장마 때는 되도록 물을 주지 않는 것이 좋습니다. 건조한 가을에는 화분 주위에 분무기로 물을 뿌려 공중습도를 높이는 것이 좋으며 겨울에는 대부분 식물이 성장을 멈추는 시기이므로 물을 거의 주지 않습니다. 아직 어린 상태인 식물이면 겨울에도 물을 주기도 하지만 다른 계절에 비해 자주 주지 않습니다.

➤ 저면관수

물을 주는 제일 좋은 방법은 저면관수입니다. 저면관수의 장점은 화분 아래서부터 위로 물이 올라가니까 화분 속 흙이 전체적으로 수분이 꽉 차게 되고 비료 성분이 유출되지 않습니다. 저면관수하는 방법은 높이감이 있는 큰 용기 속에 화분을 통째로 넣고 용기 안에 필요한 물을 부어 주는 것입니다. 보통 10~30분 정도면 물이 거의 다 빨려 올라갑니다.

➤ 새싹 물주기

처음에 싹이 나기 전에는 입자가 고운 스프레이로 여러 번 뿌려줍니다. 씨앗이 발아해서 싹이 나면 아직은 줄기에 힘이 없는 어린 상태이기 때문에 물뿌리개나 컵에 물을 담아 주면 물이 확 쏟아지면서 줄기가 쓰러져 넘어지게 됩니다. 새싹에 물을 줄 때는 입구가 좁은 식초병이나 소스 병에 물을 담아서 주거나 물약병 등을 이용하면 좋습니다.

PREPARING 2

좋은 흙이란?

베란다 텃밭을 가꾸려면 우선 중요한 것이 "흙"입니다. 보금자리가 제대로 잡혀 있어야 작물이 뿌리를 잘 내리고 튼튼하게 성장할 수 있기 때문입니다. 푹신푹신한 흙 속에서 식물들이 마음껏 호흡하며 물을 마시고 양분을 흡수하고 뿌리를 잘 뻗을 수 있도록 도와주어야 합니다.

TIP. 무턱대고 산이나 들, 아무 곳에서 흙을 퍼와서 사용하는 것은 추천하지 않습니다. 흙 자체가 산성화되어 있어 작물에 필요한 영양성분도 부족할뿐더러, 배수성이나 통기성이 좋지 않을 수 있으며 제일 큰 문제는 흙 속에 잠자고 있던 각종 벌레가 딸려온다는 점입니다.

그럼 좋은 흙이란 무엇일까요?

간단하게 말하자면 미생물을 많이 포함하고 보수성, 배수성, 통기성, 보수성이 뛰어나고 토양 산도가 적당하며, 병원균이나 해충이 적은 떼알구조(흙 알갱이끼리 뭉쳐져 있는 상태, 식물이 건강하게 자랄 수 있는 흙 구조이다)의 흙입니다. 흙이 물을 저장하는 힘을 보수성이라고 하는데, 보수성이 좋지 못하면 건조한 환경이 계속되어 바싹 마르고 작물까지 물을 공급할 수 없어 시들어 죽게 됩니다.

그리고 배수성은 물을 빼내는 힘을 말합니다. 물이 한데 고여있지 않고 잘 빠져나가야 뿌리가 썩지 않기 때문에 특히나 중요합니다. 베란다 텃밭은 아무래도 실내에서 화분을 두고 키워야 하는 환경이다 보니 배수가 아주 잘되어야 합니다.

통기성은 흙에 공기가 통하는 정도를 말합니다. 입단구조의 흙은 알과 알 사이에 틈이 나는데, 그것에 의해 공기의 통로가 생기고 뿌리에 산소 공급이 원활해집니다.

또한 건강한 작물을 키우기 위해서 작물에 따라 적절한 흙 배합이 필요합니다. 키우는 환경과 작물의 특성에 따라서 약간씩 달라질 수 있으며 pH 산도 조절도 필요합니다.

베란다 텃밭에서 주로 사용하는 흙 배합 비율
- **잎채소** : 가벼운 원예용 상토 6 : 퇴비(분변토) 3 : 마사토 1
- **열매채소와 뿌리채소** : 원예용 상토 5 : 퇴비(분변토) 5
- **허브, 꽃** : 원예용 상토 6 : 펄라이트 3 : 퇴비 1, 직접 흙을 배합할 경우에는 고고피트 5 : 피트모스 1 : 펄라이트 2 : 질석 1 : 훈탄 1
- **다육식물, 선인장** : 다육식물 전용 흙을 사용하거나 직접 흙을 배합할 경우에는 배양토 제오라이트 3 : 부엽토 1 : 질석 1 : 훈탄 1 : 피트모스 1 : 모래 2로 배합

TIP. 블루베리를 키울 때는 블루베리 전용 흙을 사용하거나 피트모스와 솔잎 1 : 부엽토1 의 비율로 섞어서 사용합니다. 물이 빨리 마르는 것을 방지하기 위해 흙 위에 바크 혹은 코코피트를 올려줍니다.

분변토

▬ 흙의 종류

❶ **상토** : 원예용으로 나온 상토는 흙이 부드럽고 가벼우며 물 빠짐이 좋습니다. 채소를 가꾸는 데 적합합니다.

❷ **배양토** : 꽃이나 원예식물 분갈이할 때 주로 사용하는 보수력이 좋은 흙입니다.

❸ **분변토** : 지렁이가 토양 속의 각종 물질을 영양분으로 섭취하여 소화한 후 배설한 것을 말합니다. 유기물이 풍부하고 수분 보유력이 우수하여 토양의 질을 높여줍니다.

❹ **마사토** : 화강암이 풍화되어 생성된 흙입니다. 입자가 굵어 배수가 잘 되어 통기성이 좋습니다. 화분 밑에 배수층을 만들 때 주로 사용합니다.

❺ **피트모스** : 한랭한 늪지대에서 이끼나 수초 등이 퇴적되어 분해된 천연유기물, pH3.5~4.5로 산성을 띄며, 배수성 통기성이 좋은 토양 개량제입니다. 주로 블루베리 재배 흙으로 사용됩니다(화이트 피트모스).

❻ **펄라이트** : 진주암을 구워서 만든 돌입니다. 구멍이 많고 가벼우며 흙이 딱딱하게 굳는 것을 방지합니다. 펄라이트를 많이 섞으면 배수성이 좋아집니다.

❼ **질석(버미큘라이트)** : pH7 정도이며 무균 소재로 수분 조절이 쉬워 꺾꽂이(삽목)할 때 주로 사용합니다.

❽ **바크** : 나무껍질입니다. 배수, 통기, 보수력이 뛰어납니다. 주로 서양란 심을 때 사용합니다.

❾ **훈탄** : 보수성과 투수성이 좋고 탈취 효과와 각종 세균 억제 역할을 해줍니다.

❿ **부엽토** : 천연 유기물을 장기간 분해 발효시킨 흙으로 식물에 필요한 영양성분을 많이 포함하고 있어 퇴비로 섞어줍니다.

⓫ **제오라이트** : 보수력, 보비력 및 배수력이 우수합니다.

⓬ **코코피트** : 코코넛 껍질을 잘게 분쇄 가공한 토양 개량제입니다. pH5.5~6.5이며 무게가 매우 가볍고 보습력, 보비력(땅이 비료 성분을 오래 지니는 정도), 흡수성이 우수합니다. 양분도 풍부합니다.

절대 실패할 일 없이 씨앗 발아시키는 방법

발아란 씨앗이 껍질을 벗고 뿌리를 내려 싹 틔우는 것을 말합니다. 싹을 틔우기 위해서는 발아의 조건이 필요한데 그것이 바로 수분, 산소, 온도입니다. 이 조건이 얼마나 최적화되어 있는지에 따라서 발아율과 발아 기간이 달라집니다(묵은 씨앗이 아니라는 가정하에).

1. 작물의 최적 발아 온도를 지켜주세요.

고온성 작물의 경우에는 습도와 온도가 높은 편(25도 이상)이 발아율이 높습니다. 저온성 작물의 경우에는 온도가 낮아야(20도 정도) 싹이 잘 트며 30도 이상일 때는 싹이 거의 트지 않습니다. 온도가 맞지 않으면 발아 기간이 길어지거나 발아율이 떨어지게 되니 되도록 최적 발아 온도를 지켜주세요. 추운 날씨에 고온성 작물을 파종할 경우에는 난방이 되는 방에 모종 포트를 두고 싹을 틔우면 됩니다. 전기담요를 밑에 깔아주는 것도 한 가지 방법입니다.

2. 광발아, 암발아 종자를 구분합니다.

씨앗이 발아할 때는 빛의 유무가 크게 관계없는 작물도 있으나 그렇지 않은 작물도 있습니다. 이것을 호광성 종자/광발아 종자, 혐광성 종자/암발아 종자라고 부릅니다.

❶ **광발아 종자** : 빛이 있어야 하며 빛이 없으면 발아가 느려집니다. 상추, 쑥갓, 당근, 민들레, 바질, 우엉, 차조기, 베고니아, 배추, 양배추, 딸기, 마조람, 할미꽃, 셀러리, 캐모마일 등

❷ **암발아 종자** : 빛이 있으면 발아율이 떨어집니다. 파종 시 깊게 심거나 차광망을 덮어줍니다. 토마토, 오이, 가지, 파, 무, 수세미, 수박, 호박, 금잔화, 맨드라미, 백일홍, 수레국화, 보리지 등

❸ **광무관 종자** : 빛의 유무와 상관없이 싹이 트며 싹이 트는 기간이 느려지지 않는 씨앗입니다.

3. 흙에 심기 전에 미리 물에 담가주면 발아기간이 단축됩니다.

용기에 화장솜을 깔고 스프레이로 물을 뿌려 솜을 적셔 줍니다. 씨앗을 솜 위에 올리고 스프레이로 물을 다시 뿌려 줍니다(2~3회 정도만). 뚜껑을 덮고 구멍을 여러 개 뚫어 공기가 통하게 해줍니다. 광발아 종자일 경우 빛이 드는 곳에 용기를 두고, 암발아 종자일 경우 빛이 들지 않는 곳에 둡니다.
1~3일이 지나고 씨앗에서 흰색 뿌리가 조금 나면 바로 흙에 파종합니다. 중간중간 확인하여 물이 마르지 않도록 수시로 스프레이를 합니다. 작물에 따라 시일이 더 걸릴 수 있습니다. 너무 고온인 한여름에는 실온에서 물에 담그면 씨앗이 물러질 수 있으니 유의합니다.

4. 흙이 마르지 않게 합니다.

파종할 때 물을 흠뻑 주어 흙을 촉촉하게 만든 다음 씨앗을 심습니다. 씨앗에 수분이 없어지면 말라 싹이 트지 않으니 물이 마르지 않도록 수시로 스프레이를 뿌려 줍니다.

파종하는 방법

베란다 텃밭에서 키우는 작물의 수가 점점 많아지면, 파종은 모종 트레이 혹은 작은 크기의 모종 포트에서 합니다. 큰 받침대에 수십 개의 화분을 놓고 받침대에 물을 부어 편하게 물을 줄 수 있기 때문입니다. 그리고 미세씨앗을 파종하거나 아직 추운 이른 봄에 씨앗을 파종할 경우에는 작은 모종 화분에서부터 시작하는 것이 실내에 들여 발아 온도를 맞추어 줄 수 있기 때문에 좋습니다. 하지만 초보자의 경우 어린 모종을 큰 화분에 옮겨 심다가 죽이는 경우도 있으니 처음부터 작물을 계속 키울 화분에 바로 씨앗을 심는 것을 추천해드립니다. 당근, 무, 감자 등과 같은 뿌리채소의 경우에는 반드시 큰 화분에 바로 심어야 합니다.

1. 미리 1~2일 정도 물에 담가 뿌리를 살짝 냅니다.
2. 화분 밑바닥에 깔망을 깔고(흙이 유실되지 않게) 배수층을 만들기 위해 깔망이 보이지 않을 정도로만 마사토를 깔아줍니다.
3. 흙을 적절하게 배합한 후 화분에 넣어줍니다. 화분 위쪽 끝까지 흙을 다 채우지 않고 5cm 정도 여분을 남겨둡니다.
4. 물뿌리개로 물을 뿌려 흙을 흠뻑 적셔줍니다(배수 구멍으로 물이 나오는 것을 확인).

5. 송곳이나 이쑤시개 등 끝이 뾰족한 도구로 흙에 줄을 그어줍니다.
6. 간격을 띄엄띄엄 주면서 씨앗을 줄에 맞춰 흙에 놓아줍니다. 손으로 옮기기 어려우면 핀셋이나 꼬치 등을 이용합니다. 어느 한 부분에 여러 개의 씨앗을 한꺼번에 파종하지 않는 것이 중요!
이러면 나중에 너무 붙어서 싹이 나오기 때문에 속아내기도 힘들고, 뿌리가 튼튼하게 내리기도 힘들어집니다. 그만큼 잘 성장하지 못하게 되기 때문에 간격에 맞춰 씨앗을 심는 것이 좋습니다.
7. 상토를 솔솔 뿌려 씨앗 위로 흙을 2mm 정도 덮어 주고, 스프레이로 물을 뿌려 흙을 촉촉하게 합니다.
싹이 트기 전까지 흙이 마르지 않도록 수시로 계속 분무합니다.
8. 광발아 씨앗의 경우 빛이 닿는 곳에 화분을 두고, 암발아 씨앗의 경우 차광막을 씌워줍니다.

PREPARING 5

모종 옮겨 심기

좋은 모종은 어떻게 구별해야 할까요? 잎이 완전하게 초록색이며 표면이 깨끗하고 두께가 빳빳하며 마디 사이가 짧고 줄기가 튼튼한 것을 고릅니다. 잎 뒷면을 꼼꼼하게 살펴보아 벌레가 없는지 확인합니다. 물을 너무 많이 주어 과습해 뿌리가 상하지 않았는지 확인해야 합니다. 모종은 구입 후 곧바로 분갈이해줍니다. 그대로 계속 모종 포트에서 키우게 되면 흙과 영양분이 부족해 잘 자라지 못합니다.

▬ 모종 분갈이 방법

1. 흙의 유실을 막기 위해 화분 바닥에 깔망을 적당히 잘라 깔아줍니다. 화분 크기는 모종 포트보다 3~5cm 더 큰 것이 좋습니다. 너무 큰 화분에 갑자기 분갈이하면 뿌리가 중앙으로 튼튼하게 뻗지 못하고 귀퉁이로 잔뿌리가 많이 생겨 잘 크지 못합니다.

2. 배수층을 위해 큰 돌이나 마사토, 스티로폼 조각 등을 화분 밑바닥이 보이지 않을 정도로만 약간 깔아줍니다. 작물에 맞는 흙을 배합해 화분의 1/2만큼 채워줍니다.

3. 모종 포트 밑바닥의 배수 구멍에 손가락을 넣고 밀어 올리면서 모종을 꺼내줍니다. 흙에 단단하게 엉켜있다면 흙을 살짝 부숴 엉켜있던 뿌리를 풀어줍니다. 뿌리가 강하게 엉켜있으면 새로운 흙에 잘 뻗기 힘들기 때문에 적당히 풀어주는 것이 중요합니다. 너무 뿌리가 굵고 길면 1/3 정도 잘라 주어도 좋습니다.

4. 모종을 화분 중앙에 올려놓습니다.

5. 화분의 나머지 빈 곳에 흙을 채워줍니다. 이때 화분 위 끝까지 흙을 채우지 않고 4~5cm 높이의 여유를 둡니다. 그래야 물을 줬을 때, 화분 위로 물이 흘러넘치는 것을 막을 수 있습니다.

6. 가장자리의 흙을 손으로 눌러 정리해줍니다. 물은 모종의 상태를 확인한 후 줍니다. 화원에서 산 모종의 흙색이 검은색이고, 화분이 꽤 무겁다면 흙 속에 물이 가득 차 있는 상태입니다. 여기서 바로 물을 더 주게 되면 과습하게 되므로 이런 화분에는 물을 일주일 이상 주지 않습니다.

7. 분갈이가 끝나면 2~3일 정도 그늘에 둡니다. 그 이후에 화분은 해가 잘 들고 통풍이 잘되는 곳에서 키워주세요.

모종 분갈이 시 주의할 점!

반드시 새 흙에 심습니다. 이전에 다른 식물을 심었던 흙을 재사용하지 않는 것이 첫 번째입니다. 특정 비료 성분이 부족하고, 잔뿌리 등이 많이 있어 배수력이 떨어집니다.

PREPARING
6

비료 주기

식물은 기본적으로 흙, 물, 바람, 햇빛 이 4요소가 충분하다면 살 수 있습니다. 하지만 사람이 밥만 먹고 살지 않듯이 식물도 기본요소 외에 영양성분이 더해져야 병에 걸리지도 않고 무럭무럭 잘 성장할 수 있습니다. 그것이 바로 비료의 역할입니다. 처음 식물을 흙에 심을 때 섞어 주는 퇴비(밑거름)와 식물이 자라남에 따라 주는 비료(웃거름)를 알맞게 주어야 꽃도 많이 피고 열매도 주렁주렁, 뿌리도 튼튼, 잎도 싱그럽게 자랄 수 있습니다.

베란다 텃밭에서는 화분 속에 흙을 담아서 작물을 키우므로 계속 물을 주다 보면 흙 안에 있던 영양성분들이 자꾸 빠져나가기 때문에 특히 신경 써야 할 부분입니다. 비료 성분이 너무 과하게 되면 식물이 스트레스를 받아 병해충에 걸리기 쉽고 너무 적을 경우에도 결핍증이 생길 수 있으니 적절한 시기에 적당량 거름을 주어야 하며 작물의 종류에 따라서 비료의 종류와 횟수를 달리해야 합니다. 시중에서 팔고 있는 비료의 경우, 제품 뒷면에 사용법이 모두 나와 있습니다. 비료를 얼마나 자주 주어야 하는지, 얼마만큼 주어야 하는지 잘 읽어보고 사용하면 됩니다. 사용법에 나와 있는 희석비율은 반드시 지켜주세요. 비료를 너무 많이 줄 경우 식물이 죽을 수 있습니다.

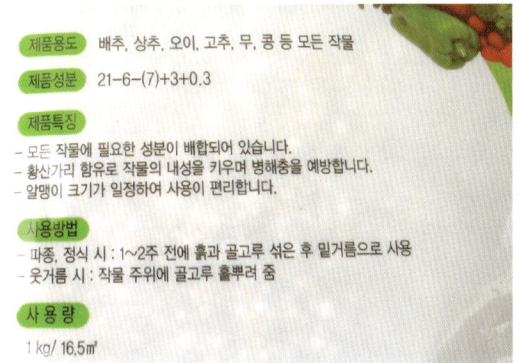

10-10-10 같이 제품에 적힌 숫자는 비료에 포함된 성분의 함량을 나타냅니다. 순서대로 질소(N), 인산(P), 칼륨(K)의 함량입니다. 질소는 식물을 크게 성장시키는 성분입니다. 주로 잎을 크게 하고 이것이 부족할 경우 잎이 누렇게 됩니다. 인산은 꽃을 잘 피우게 하고 열매가 잘 열리게 하며. 칼륨은 뿌리를 튼튼하게 합니다.

* 사진 속 제품성분
질소 21%, 인산 6%, 칼륨 7%, 고토 3%, 붕소 0.3%

1. 비료의 종류에는 무엇이 있을까요?

비료는 형태와 성분에 따라서 크게 유기질 비료와 무기질 비료(화학비료)로 나눌 수 있습니다. <u>유기질 비료</u>는 천연 비료로 효과는 느리지만 오래 지속되며(완효성) 토양을 개선합니다. 유기질 비료의 종류에는 깻묵, 쌀겨, 계분(닭똥), 어분, 분변토(지렁이 똥) 등이 있습니다.
<u>무기질 비료</u>는 화학비료로 효과가 빨리 나타나지만(속효성) 오래 지속되지 않으며 토양을 산성화시킵니다. 알갱이 형태의 복합비료, 액체형태로 된 비료, 앰플 형태로 된 식물 영양제 등 여러 가지가 있습니다.

- 완효성 : 효과가 느린 성질
- 속효성 : 단시간에 효과가 나타나는 성질

2. 베란다 텃밭에서 자주 사용하는 비료

알갱이비료(유기질비료)

깻묵이 원료인 비료로 알갱이 형태로 되어있습니다. 오래 지속되는 완효성 비료이기 때문에 자주 주지 않으며, 과다하게 사용하지 않습니다.

친환경 식물 영양제 - 꿈앤들 텃밭 가꾸기

식물성 아미노산 발효액에 동물성 아미노산, 해조 추출물 등으로 만들어진 액체비료입니다. 성장기에 웃거름으로 1~2주일에 한 번씩 물에 500배로 희석하여 줍니다.

천연비료 - 분변토

지렁이 분비물로 된 천연 거름으로 식물에 유익한 유기물이 많이 포함되어있으나 냄새가 나지 않아 베란다 텃밭에서 많이 쓰이고 있습니다. 작물을 심을 때 밑거름으로 분변토를 30~50% 정도 섞어줍니다.

천연비료 - 달걀 껍질(게 껍질, 조개껍질 등)

석회질 비료의 주성분인 탄산칼슘이 달걀 껍질에 많이 포함되어 있습니다. 탄산칼슘은 산성 토양을 중성으로 바꿔주는 탁월한 효과가 있습니다. 대부분의 화초나 채소들은 중성 토양을 좋아하기 때문에 텃밭을 가꾸는 데 있어 꼭 필요한 비료입니다. 식초를 이용하여 액체비료를 만들어 사용합니다.

3. 집에서 천연비료 식초칼슘액비 만드는 방법

탄산칼슘이 식초의 유기산과 반응해서 수용성 칼슘이온으로 변하게 되는데, 이러한 화학 반응 원리를 통해서 달걀 껍질의 탄산칼슘을 빠져나오게 하여 물에 희석해 액체비료로 사용할 수 있습니다.

1. 달걀 껍질의 흰 점막을 잘 벗겨 물에 씻은 다음 그늘에서 말립니다.

2. 도구를 이용해 껍질을 잘게 부수어 줍니다.

3. 높이감이 있는 밀폐 용기에 달걀 껍질을 넣고 식초를 부어줍니다. 달걀 껍질 가루와 식초의 비율 1 : 10
   주의! 식초를 붓고 나서 바로 뚜껑을 덮지 않습니다! 화학 반응이 일어나는 동안 뚜껑을 덮으면 폭발할 수 있습니다.

4. 그늘에서 보름 정도 숙성시켜줍니다.

5. 껍질은 걸러내고 액비는 작은 밀폐 용기에 옮겨줍니다.

6. 액체비료 사용 시에는 500배~1,000배로 물에 희석하여 잎에 분무합니다.
   희석 예시) 물 1L, 달걀 식초액 1~2mL

그럼 비료는 언제 주면 좋은가요?

본잎이 5장 이상 나왔을 때부터 웃거름으로 주면 성장에 많은 도움이 됩니다. 아래 잎이 누렇게 변했을 때, 식물 전체의 색이 옅어졌을 때, 꽃은 피었으나 수정이 잘 안 되고 그냥 떨어져 버릴 때, 꽃이 크기가 작고 수가 적을 때, 잎의 앞면보다는 뒷면, 오래된 잎보다는 새 잎, 밤보다는 낮에 뿌리는 것이 더 잘 흡수됩니다.

식물 관리법

PREPARING 7

애완동물을 애정을 가지고 매일 보듬어 키우는 것과 마찬가지로 식물도 애정을 가지고 관리해주어야 합니다. 그냥 아무렇게 방치해놓고 혼자서 잘 자라길 바란다면 그건 너무 큰 욕심이 아닐까요? 식물도 배가 고프면 밥도 챙겨주고, 목이 마르면 물도 챙겨주고, 어디가 아프지 않은지도 항상 살펴봐야 합니다.

1. 햇빛의 양과 바람

반드시 화분을 바람이 잘 통하고 햇빛이 잘 드는 곳에 둡니다. 음지에서도 잘 자라는 식물들이 있지만, 대부분의 식물은 하루 6시간 이상 충분히 햇빛을 받아야 튼튼하게 잘 자랍니다. 맑은 날에는 베란다 창문 방충망까지 열어주면 더욱 햇빛을 많이 받을 수 있습니다. 그리고 바람이 잘 통해야 증산작용이 활발하게 이루어지기 때문에 베란다 창문이 열리는 쪽에 화분을 두는 것이 좋습니다. 병해충 예방을 위해서도 통풍이 잘되는 것이 좋습니다.

2. 적당한 물주기와 웃거름 주기, 가지치기 등 세심한 관리

물을 너무 적게 주어서 건조하게 하지 말고 반대로 물을 너무 많이 주어서 과습하게 만들지도 말아야 합니다. 영양분이 부족해지지 않게 적당한 시기에 웃거름을 주는 것도 중요합니다. 또한, 습도가 높은 것을 좋아하는 식물일 경우에는 잎 근처에 스프레이로 물을 자주 분사해줍니다. 잎이 너무 무성하게 자라면 통풍이 잘되지 않고 광합성도 제대로 하지 못하기 때문에 가지치기도 반드시 해주어야 합니다. 해충이 잘 생기지 않도록 목초액을 500~1,000배 물에 희석하여 주기적으로 뿌려주는 것도 많은 도움이 됩니다.

3. 매일 관심을 가지고 식물의 상태를 관찰

식물이 건강할 때는 잎이 튼튼하고 항상 깨끗한 초록색을 유지하고 있습니다. 하지만 조금이라도 문제가 생긴다면 마치 우리 몸속에 문제가 생겼을 때 피부가 거칠어지고, 뾰루지가 나거나 알레르기가 생기는 것과 마찬가지로 식물도 병에 걸리거나 벌레가 생기면 깨끗하고 초록색이었던 잎의 상태가 평소와 다르게 변하게 됩니다. 그러므로 잎의 상태를 확인하여 식물이 건강하게 잘 자라고 있는지 평소에 파악하는 것이 중요합니다.

4. 계절에 따른 관리

만물이 소생하는 따뜻한 봄

부지런히 분갈이를 해주어 겨우내 묵었던 흙을 털어내고 새집을 만들어줍니다. 봄과 여름 사이에 더 성장할 것을 생각해서 원래 키우던 화분보다 조금 더 큰 화분에 심어줍니다. 그래야 뿌리가 답답해하지 않고 잘 뻗어 내릴 수 있으며 식물이 튼튼하게 잘 자랄 수 있습니다. 분갈이 후에는 비료도 빼먹지 않고 챙겨줍니다. 겨울 내내 추웠다가 봄이 되어 갑자기 따뜻해지면 채소의 경우에는 금방 꽃대를 올리니 씨앗 채종의 목적이 아니라면 꽃이 피기 전에 부지런히 수확해줍니다.

고온다습한 장마철과 푹푹 찌는 폭염이 계속되는 한여름

식물이 제일 힘들어하는 시기입니다. 장마 때는 물 관리에 특히 주의해야 하며, 되도록 물을 주지 않는 것이 좋습니다. 너무 온도가 올라가서 웃자라거나 햇빛이 강해 시들시들해질 수도 있습니다. 직사광선을 피해 반그늘로 화분을 이동시키고 바람이 잘 통할 수 있도록 창문을 활짝 열어줍니다. 여유가 된다면 1~2시간쯤 선풍기를 틀어주는 것도 도움이 많이 됩니다. 그리고 벌레가 생기는 것을 예방하기 위해 장마철이 되기 전에 가지치기를 과감하게 해놓고 목초액, 제충국 등 친환경 해충약을 주기적으로 뿌려줍니다. 만약에 휴가를 떠나게 되어 3~4일 이상 집을 비우게 된다면 주변에 부탁하여 텃밭 관리를 해주는 것이 좋습니다.

천고마비의 계절 가을

무더웠던 여름이 끝나고 선선해지기 시작하면 식물의 생육이 더욱 활발해집니다. 영양분이 많이 필요하니 웃거름(비료)을 넉넉히 챙겨주도록 합니다. 4계절 중 공중습도가 낮아 가장 건조한 시기이니 물을 평소보다 많이 줍니다.

찬바람이 쌩쌩 추운 겨울

추운 겨울이 되면 준비를 단단히 해야 합니다. 대부분의 식물은 10도 이상으로 관리해야 하기 때문입니다. 베란다에 온도계를 두어 온도를 체크해주고, 식물의 최저 온도를 파악하여 베란다에서 버티지 못할 것 같은 식물들은 거실이나 따뜻한 방으로 옮겨주어야 합니다. 실내로 옮긴 식물들은 한낮에 기온이 따뜻해지면 1~2시간 정도는 창문을 열어 바람을 쐬게 해주어야 병충해에 걸리지 않습니다.

베란다에서 버틸 수 있는 식물이라고 하더라도 조금이라도 온도를 더 높여주는 것이 좋기 때문에 방한 대비를 해줍니다. 창문에는 방풍 비닐을 치거나 단열 시트를 붙여주고, 화분은 창 쪽과 먼 곳에 놓아둡니다. 스티로폼 박스로 미니 온실하우스를 만들어 그 안에 화분을 넣고 관리해주면 더욱 좋습니다.

초간단 미니 온실하우스 만드는 법

1. 스티로폼 박스 뚜껑 부분을 칼로 홈을 파줍니다. 큰 사이즈의 스티로폼 박스는 생선가게에 가면 쉽게 구할 수 있습니다.

2. 식물 지주대를 아치형으로 휘어줍니다. 지주대가 없으면 굵고 튼튼한 와이어로 대체해도 됩니다.

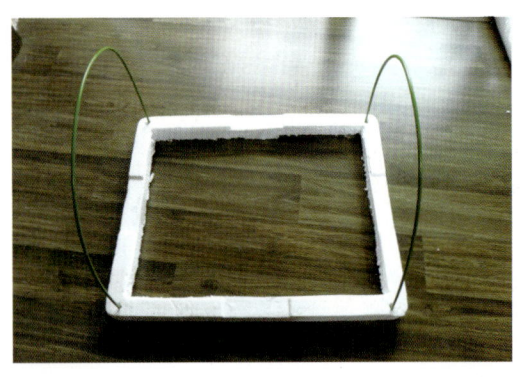

3. 뚜껑 파낸 가장자리에 아치형으로 휜 지주대를 꽂아줍니다. 뚫린 부분이 더는 커지지 않게 구멍 주위를 테이핑합니다.

4. 나무젓가락으로 아치형 중간 부분이 흔들리지 않게 딱 잡아주고 뚜껑 부분에 비닐을 씌워줍니다. 비닐은 김장용 비닐 혹은 하우스 비닐로 해주어야 두께감이 있어 보온이 더 잘됩니다.

5. 뚜껑이 잘 닫혀야 하므로 뚜껑 안쪽으로 비닐이나 테이프가 감아 들어가지 않게 해주는 것이 포인트! 그냥 안쪽으로 휙 감아 붙이면 나중에 뚜껑이 꽉 안 닫히게 됩니다.

완성된 미니 온실하우스는 해가 잘 드는 곳에 둡니다. 햇빛이 비치면 온실효과로 하우스 안이 따뜻해집니다. 하지만 하루 종일 계속 닫아두면 벌레가 생길 수 있으니 기온이 올라가는 11~2시 사이에는 뚜껑도 열고 베란다 창문도 열어주어 환기를 시켜줍니다. 겨울철 물주기도 이 시간에 하는 것이 좋습니다. 그리고 병충해 예방책으로 목초액을 주기적으로 물에 500~1,000배 희석해서 스프레이로 뿌려줍니다.

식물 상태 진단과 처방법

식물의 상태 진단과 대처법

사람이 면역력이 약해져 병에 걸리는 것과 마찬가지로 식물도 스트레스를 받으면 저항성이 약해져 병이 생깁니다. 식물의 병해는 극심한 건조, 과습, 통풍 불량, 일조량 부족, 영양분 부족 혹은 과다 등의 이유가 있습니다. 특히 좁은 공간에 작물이 빼곡히 있다면 옆에서 옆으로 걷잡을 수 없이 퍼져 나갑니다. 그렇기 때문에 병충해 관리는 예방이 제일 중요하며, 문제가 생겼을 때는 원인을 찾아 바로바로 처방해주어야 합니다.

증상 1. 잎이 누렇게 변함
- 이유 : 수분부족, 영양분 부족, 갑작스러운 환경 변화, 무더위, 일조량 부족, 마그네슘 결핍
- 처방 : 화분을 잠시 그늘로 옮긴다. 영양 부족일 경우 액체비료를 물에 500~1,000배 희석해준다.

증상 2. 잎이 늘어져서 아래로 축 처짐
- 이유 : 지나치게 햇빛이 강렬하거나 고온일 때 혹은 수분이 부족할 때
- 처방 : 그늘로 화분을 옮기고 물을 흠뻑 준다.

증상 3. 잎의 끝쪽만 진한 갈색으로 변함
- 이유 : 물을 너무 자주 많이 주어 과습으로 인해 잎이 타버림
- 처방 : 당분간 물을 주지 않는다. 화분을 들었을 때 너무 무겁다면 새 흙으로 갈아준다.

증상 4. 잎과 줄기에 흰 먼지가 붙은 것처럼 됨 (흰가루병)
- 이유 : 통풍 부족, 그늘짐, 고온건조
- 처방 : 다른 화분과 격리하고 살균제를 뿌린다.
- 예방 : 평소 환기에 주의한다. 질소비료 과다 사용 금지

증상 5. 잎 표면에 큰 노란색 반점들이 생기기 시작(노균병)
- 이유 : 고온다습한 환경
- 처방 : 포자가 퍼지지 않도록 잎을 조심히 떼어 소각하고 살균제를 뿌린다.

증상 6. 줄기가 썩거나 열매가 무르고 회색빛의 곰팡이가 생김(잿빛곰팡이병)
- 이유 : 춥고 습할 때 주로 생긴다.
- 처방 : 포자가 퍼지지 않도록 잎을 조심히 떼어 소각하고 살균제를 뿌린다. 너무 습하지 않도록 하며 물을 주는 양을 줄이고 환기를 충분히 시킨다.

증상 7. 뿌리 쪽으로 가는 아래쪽 줄기가 갈색으로 변함
- 이유 : 물을 너무 자주 많이 주어 과습으로 인해 줄기가 물러짐
- 처방 : 화분을 엎어보아 뿌리가 괜찮다면 새 흙으로 갈아준다.

증상 8. 잎이 암청색을 띠며 아랫잎부터 가장자리 부분이 타기 시작하여 황색으로 변함
- 이유 : 칼륨 결핍
- 처방 : 나르겐액 혹은 하이포네스 액을 3~4일 간격으로 엽면시비(물에 액체비료를 희석하여 분무기로 잎에 뿌리는 것)한다.

잠깐 방심하면 찾아오는 텃밭 불청객, 해충

해충 발생 시 가장 중요한 것은 발견 즉시 처리하는 것입니다. 주로 잎 뒷면이나 새순이 나는 부분에 달라붙어 있는데 신경 쓰지 않으면 잘 보이지 않기 때문에 초기에 세심하게 관리할 필요가 있습니다. 또 해충에게 피해를 본 화분은 따로 다른 장소에 격리해두며 벌레에게 먹힌 잎이나 부위는 다른 잎으로 번져 더 피해가 가지 않게 바로 떼어서 버립니다.

채소의 경우 손수 키워서 먹는 채소이므로 인체에 해롭지 않아 안심하고 뿌릴 수 있는 친환경 해충약을 사용합니다. 난황유, 제충국, 목초액, 이엠 등을 꼼꼼하게 뿌리고 수확 시에는 깨끗이 씻어서 먹습니다. 천연 해충약은 조금 사용한 정도로 금방 효과가 나타나지는 않으니 해충 발생 시 완전히 없어질 때까지 3일 간격으로 뿌려줍니다. 병해는 미리 방제하는 것이 최우선이니 원활한 통풍에 주의를 기울이며 벌레가 꼬이지 않게 목초액을 물에 희석하여 1~2주에 한 번씩 뿌려주고, 노란색 끈끈이 트랩을 화분 주위에 설치해줍니다.

진딧물
- 증상 : 주로 새로 나온 잎의 즙액을 빨아 먹고 살며 잎이 세로로 말리고 작아지며, 새 잎이 잘 돋아나지 않는다.
- 이유 : 극심한 건조, 고온, 과습, 통풍 불량
- 처방 : 친환경 해충약 제충국 등을 3~4일 간격으로 뿌려준다.
- 예방 : 평소 목초액을 1주일에 한 번씩 작물에 뿌려준다.

응애
- 증상 : 잎 앞면이 흰 가루를 뿌린 것처럼 흰 반점들이 생김. 잎 뒷면에 미세한 거미줄이 있고 아주 작은 벌레가 기어 다님
- 이유 : 고온 건조하거나 통풍 불량
- 처방 : 반점이 생긴 잎은 떼어 버리고 친환경 해충약(제충국, 난황유 등)을 뿌려준다.
- 예방 : 한번 퍼지면 걷잡을 수 없으니 평소 환기에 주의한다.

총채벌레
- 증상 : 잎에 황백색의 반점과 검고 미세한 점들이 생김
- 이유 : 기온이 높고 건조할 경우
- 처방 : 친환경 해충약 제충국 등을 3~4일 간격으로 뿌려준다.
- 예방 : 식물 주위에 노란색 끈끈이 트랩 등을 설치한다.
- 작물 : 오이, 고추, 파프리카 등에 잘 생긴다.

깍지벌레
- 증상 : 마디 사이에 솜털 뭉치들이 생김
- 이유 : 빛 부족, 그늘지고 습함
- 처방 : 솜털 뭉치는 걷어내고 난황유 등을 뿌려준다.

온실가루이
- 증상 : 잎이 갈변하고 오그라듦, 열매에 그을음병이 생김
- 이유 : 시설 재배한 모종에서 딸려옴. (가정에서는 잘 생기지 않음)
- 처방 : 감염된 식물 격리조치. 알이 생긴 잎은 떼서 소각시킴. 성충은 테이프 등을 이용해 잡아준다.
- 예방 : 노란색 끈끈이 트랩 설치

병충해로 오해하면 안 되는 증상

실내에 있다가 갑자기 강렬한 햇빛을 받을 경우, 잎이 햇볕에 타서 희끄무리한 큰 얼룩이 생길 수 있습니다. 식물체에는 아무런 나쁜 영향을 끼치지 않습니다.

응애에 피해를 입은 수레국화(초기에 발견하지 못하고 신경쓰지 않은 결과)

친환경 해충약, 난황유 집에서 간단하게 만드는 법

노른자 1개 + 카놀라유 60mL + 물 100mL → 물 20리터에 희석

1. 달걀 1개를 노른자만 따로 분리해주세요.
2. 물 100mL를 넣고 손거품기나 믹서로 노른자를 잘 풀어줍니다.
3. 카놀라유 60~100mL를 더해줍니다. 60은 예방 목적, 100은 치료 목적입니다.
4. 달걀 노른자와 오일이 잘 섞일 수 있도록 거품기로 풀어줍니다.
5. 난황유는 밀폐 용기에 담아 냉장 보관합니다. 약 1주 정도 보관 가능
6. 사용 시에는 난황유를 스포이트로 2.5mL 덜어내어 물 500mL에 희석하여 잎에 분사해줍니다.

TIP. 집에서는 사용기한 내에 다 소진할 수 없으니 이웃과 나누거나 분량을 적게 해서 만듭니다.

난황유는 병원균이나 해충에 직접 작용하기도 하지만 주로 작물 표면에 방어막을 만들어 병해충 침입을 막는 역할을 합니다. 약효 지속시간이 10~15일이므로 장마 전과 같이 병해충 발생이 염려되는 때에는 10~15일마다 잎이 흠뻑 젖도록 충분히 살포해 예방하는 것이 좋습니다. 흰가루병·노균병·탄저병 및 응애·가루이·진딧물·깍지벌레 등에 특히 효과가 있으며, 병이 발생하면 초기에 5~7일 간격으로 3회가량 잎과 줄기에 꼼꼼하게 뿌려줍니다.

그러나 식용유를 적정량보다 많이 넣거나 지나치게 자주 뿌리면 식물의 숨구멍이 막혀 약해를 일으킬 수 있으니 주의해야 합니다. 또 5℃ 이하 저온일 때는 기름방울이 얼어버리고 35℃ 이상 고온일 때는 작물이 스트레스를 받으므로 난황유를 뿌려주는 것을 자제해줍니다.

Part 02

무지갯빛 알록달록
베란다 텃밭 만들기

관하딸기 · 루비 근대 · 주황 당근

앉은뱅이 황금 방울토마토

노랑 파프리카 · 그린 상추 · 피클 오이

브로콜리 · 밀싹 · 그린 할라피뇨 · 블루베리

퍼플 벨가지 · 무화과

핑크 래디시 · 새송이버섯

- 분갈이 시기 : 봄, 가을
- 개화 시기 : 연중
- 재배 온도 : 10~28도
- 토양 : 비옥한 흙
- 물주기 : 건조하지 않게

GARDENING 1

4계절 내내 분홍색 꽃이 피는
관하딸기

1년 내내 꽃이 피고 열매를 수확할 수 있어 베란다 텃밭에서 키우기 안성맞춤인 딸기 품종이 있습니다. 바로 국내에서 개발된 분홍색 꽃이 피는 관상용 딸기, 관하딸기입니다. 여름에도 보고 즐길 수 있다고 해서 이름이 관하딸기라고 붙여졌습니다. 병해충이 거의 없고 생장이 왕성하여 비교적 키우기 쉬운 장점을 지니고 있습니다. 예쁜 분홍색 꽃이 피기 때문에 보기에도 좋으며, 먹을 수 있기 때문에 인기가 정말 좋은 딸기입니다.

⌐ 좋은 모종 고르는 법

관하딸기 모종은 봄 4~5월이 되면 큰 화원이나 인터넷 쇼핑몰에서 구할 수 있습니다.

- 잎에 반점이나 얼룩이 없고 깨끗하며 광택이 있는 것
- 잎의 수가 많고 잎이 빳빳하게 서 있는 것
- 잎자루가 짧은 것(웃자람이 없음)
- 줄기가 두꺼운 것

⌐ 분갈이하기

배수가 잘되지 않으면 잎과 열매에 피해가 가기 때문에 흙은 전용 흙을 사용하는 것이 좋습니다. 분갈이할 때 퇴비를 다량 섞어줍니다. 집에서 하는 베란다 텃밭에서는 냄새가 나지 않는 분변토가 좋습니다.

재배 장소 정하기
온도가 20도 이상 되고 햇빛이 잘 드는 곳에서 키웁니다. 해가 잘 드는 창가 자리도 좋습니다. 일조량이 부족하면 꽃이 잘 피지 않습니다.

물주기
딸기는 물을 좋아하기 때문에 건조하지 않도록 물을 줍니다. 흙이 마르면 물을 듬뿍 주며, 물주는 시기를 놓치지 않도록 합니다. 물을 너무 많이 주어 습하게 되면 뿌리가 다칠 수 있으니 주의합니다. 물은 수돗물을 페트병에 미리 받아두어 실온에 놓고 찬기를 없애줍니다. 되도록 오전 중에 물을 줍니다.

비료 주기
딸기는 영양분이 부족하면 잎이 풍성해지지 않습니다. 우선 분갈이할 때 밑거름에 퇴비를 많이 섞어줍니다. 덧거름으로는 꽃이 피기 시작한 후 2주에 한 번 정도 줍니다. 질소질(N)이 많으면 꽃이 잘 피지 않기 때문에 인산(P)이 많이 포함된 딸기 전용 비료를 주는 것이 좋습니다. 베란다 텃밭에 있는 작은 화분에서 키우는 딸기는 티스푼으로 1/3 정도만 주어도 충분합니다.

개화
1년 내내 꽃이 잘 핍니다. 온도가 낮은 시기에는 좀 더 붉게 피고, 보통 때는 분홍색으로 핍니다.
고온에서는 꽃색이 옅어지고 과실 크기가 작아집니다.

인공수정하기

딸기는 제대로 수정하지 않으면 열매 모양이 예쁘게 나오지 않습니다. 붓으로 꽃가루를 묻혀 꽃 하나하나 정성 들여 문질러줍니다. 이 과정을 2~3일 반복합니다.

제대로 수정된 딸기 열매

제대로 수정되지 않은 열매

열매 맺기

가급적 딸기 꽃이 피는 화방은 욕심내지 말고 2~3개만 유지해 착과(맺히는 열매) 수를 적게 하는 것이 연중 꽃을 볼 수 있는 비결입니다. 열매는 시중에서 파는 크기보다 작은 열매로 자랍니다. 당도를 높이기 위해서는 열매가 열렸을 때 비료와 물주기 횟수를 줄입니다.

수확하기

꽃이 피고 30~50일이 지나면 수확할 수 있게 됩니다. 딸기 열매가 빨갛게 익으면 꼭지 부분과 함께 손으로 따줍니다.

▬ 병충해 관리

방제를 위해 한 달에 한 번씩 목초액 희석액을 뿌려줍니다. 뿌리 근처에 갈색으로 시든 잎들은 바로바로 뽑아줍니다. 통풍이 잘되지 않으면 잿빛곰팡이병에 걸릴 수 있으니 평소 환기에 주의합니다.

▬ 새로운 포기 만들기

딸기가 성장하면서 줄기 일부에서 기다랗고 가는 줄기가 뻗어 나가게 되는데 이것을 런너라고 합니다. 런너에서 독자적으로 뿌리를 내리고 꽃과 열매를 맺기 때문에 새로운 포기를 만들 수 있습니다.

런너가 나오면 넝쿨을 빈 공간으로 유인하여 흙에 닿도록 합니다. 그 자리에 뿌리와 잎이 자라면 키우다가 2주 정도 지난 후 잘라줍니다.

딸기 계절별 관리법

28도가 넘어가는 더운 여름에는 직사광선을 피해 서늘한 곳에 화분을 두고 키워줍니다. 통풍이 잘될 수 있도록 특별히 신경 쓰고, 높은 온도 때문에 뿌리의 힘이 약해지므로 약한 꽃대는 미리 제거해줍니다. 뿌리 근처에 갈색으로 시든 잎들은 바로바로 뽑아줍니다. 관하딸기는 휴면성이 깊으므로 겨울에는 5도 정도로 관리해줍니다.

GARDENING 2

처음 재배를 시작한다면

루비 근대

매력적인 레드 빛깔의 줄기를 가진 적근대는 비트잎과 비슷하게 생겼으며, 별다른 재배기술 없이 베란다 텃밭에서도 손쉽게 키울 수 있어 채소를 처음 키워보는 초보자도 어렵지 않게 도전할 수 있는 잎채소입니다. 한번 기르기 시작하면 새로운 잎들이 계속해서 잘 나오기 때문에 오래도록 수확할 수 있습니다. 서늘한 기후를 좋아하는 채소이지만 추위와 더위를 이기는 힘이 강해 한여름이나 한겨울에도 재배할 수 있으며 병충해 피해도 거의 없어 무농약으로 키울 수 있어 관리하기도 편합니다. 영양 면에서도 카로틴, 칼슘, 철을 풍부하게 함유하고 있어 건강에 좋은 채소입니다.

▬ 물에 불리기

적근대 씨앗은 모양이 우툴두툴한데 1알을 심으면 속에서 싹이 2~3개가 나와서 자라게 됩니다. 씨앗 껍질이 두꺼우므로 미리 하루 이틀 정도 물에 담갔다가 흙에 파종하면 발아 기간이 단축됩니다.

▬ 씨앗 심기

미리 물에 담가 두었던 씨앗에 흰색 뿌리가 살짝 생기면 흙에 파종합니다. 싹이 나기 전까지는 흙이 마르지 않도록 스프레이로 물을 자주 뿌려줍니다. 파종하고 일주일 정도가 지나면 대부분 싹이 트게 됩니다.

- 파종 시기 : 1년 내내
- 재배 온도 : 18~20도
  최저 온도 : 10도
  발아 온도 : 15~25도
- 발아 특성 : 광무관
- 수확까지의 일 수 : 약 2개월
- 토양 : 배수가 잘되는 사질토양
- 물주기 : 약간 건조하게

➤ 복토하기

웃자람이 있어서 줄기가 휘청거리면 분변토로 줄기 부분을 흙으로 덮어줍니다.

복토를 하면 좋은 점은 줄기도 휘청거리지 않고, 물을 주면서 분변토 속에 있던 유기성분들이 녹아 뿌리가 영양 흡수를 할 수 있습니다.

➤ 솎아내기

본잎이 3~5장 나오면 화분에 적근대를 1~2개만 남기고 나머지는 다른 화분에 옮겨 심어 줍니다. 한 화분에 여러 개의 작물이 자랄 경우 뿌리내릴 자리가 좁아 튼튼하게 자라지 못해 전체 크기가 작아져 그만큼 수확량이 적어지게 됩니다.

➤ 관리하기

화분은 해가 적당히 잘 들고 바람이 잘 통하는 곳에 두고 관리해줍니다. 물은 겉흙이 마르면 한 번씩 흠뻑 화분에 물을 줍니다. 주기적으로 목초액을 뿌려주면 병충해 예방에 도움이 됩니다.

➤ 수확하기

잎의 크기가 20cm 이상 자라면 수확합니다. 수확한 잎은 샐러드 등에 이용합니다.

비료 주기

수확 후에는 액체비료를 비율에 맞추어 물에 희석해 웃거름을 줍니다.

수확물 이용하기

적근대는 수시로 조금씩 수확하여 주로 샐러드로 먹습니다.

GARDENING 3

미니미니한 귀여운
주황 당근

베란다 텃밭에서 가장 인기가 좋은 채소 당근!
마트에서 파는 것만큼 크게 키우지는 못하지만 작은 크기로 베란다 텃밭에서도 쉽게 키울 수 있습니다.
집에서 느림의 미학으로 무농약으로 키운 당근은 정말로 풋풋하고 싱그러운 향이 나며 달기까지 합니다.
게다가 베란다 텃밭에서 갓 수확한 당근은 잎사귀도 요리해서 먹을 수 있습니다.

주황, 노랑, 보라색 당근을 색깔별로 심어 키우면
더욱 가드닝이 즐거워집니다.

▬ 물 빠짐 구멍 뚫기

당근 화분은 최소 25cm 이상으로 깊이감이 있는 것이 좋습니다. 사진에서 사용한 화분은 봉투 화분입니다. 맨 밑바닥에는 물이 빠져나갈 수 있도록 배수 구멍을 송곳으로 6개 정도 뚫어줍니다.

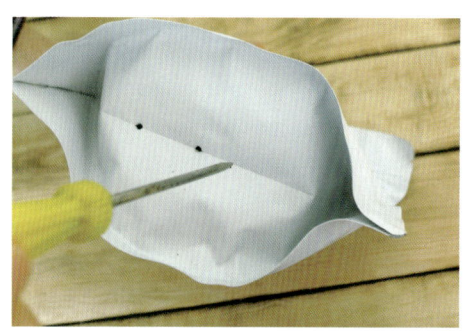

▬ 흙담기와 물주기

흙은 배양토와 분변토(거름)를 1:1로 섞어서 넣어줍니다. 화분에 흙을 꽉 채우지 말고 화분 제일 위에서 6cm 정도 여유를 두고 채워줍니다. 그래야 나중에 웃거름도 줄 수 있으며, 물을 줄 때 물이 화분 위로 흘러넘치지 않기 때문입니다. 물 조리개로 물을 골고루 뿌려 흙을 흠뻑 적셔 촉촉하게 만들어줍니다.

- 파종 시기 : 4~5월, 7~8월
- 재배 온도 : 15~20도
- 최저 온도 : 10도
- 발아 온도 : 15~25도
- 발아 일수 : 7~14일
- 발아 특성 : 광발아
- 수확까지의 일 수 : 약 3~4개월
- 토양 : 깊고 물 빠짐이 좋은 비옥한 흙
- 물주기 : 너무 습하지 않게

➤ 씨앗 물에 불리기

당근 씨앗은 흙에 심기 전에 하루 정도 물에 담가 두면 발아가 훨씬 빨리 됩니다. 접시에 물을 자작하게 붓고 씨앗을 담갔다가 2일 정도 후에 흰색 뿌리가 나오면 꺼내서 흙에 파종합니다.

➤ 씨앗 심기

나중에 뿌리가 들어차서 부피가 커지는 것을 생각해서 씨앗과 씨앗 사이에 4cm 이상 간격을 두고 심어줍니다. 흙 위에 씨앗을 올린 다음, 분변토를 2~3mm 정도 뿌려서 덮어주면 됩니다. 당근은 광발아 종자이므로 발아할 때 햇빛이 필요합니다. 너무 깊게 심으면 싹이 잘 트지 않거나 발아하는데 시간이 오래 걸리게 됩니다.

➤ 파종 후 관리

씨앗을 파종한 후에는 수시로 스프레이로 물을 뿌려 흙을 촉촉하게 해줍니다. 건조한 시기 혹은 날씨가 추울 때는 랩을 씌워주면 습도가 유지됩니다(송곳으로 숨 쉬는 구멍을 몇 개 뚫어주세요). 파종이 끝난 화분은 햇빛이 들고 바람이 잘 통하는 곳 그리고 온도가 20~25도 정도 되는 곳에 놓아줍니다.

➤ 복토하기

파종하고 5일이 지나고 싹이 나왔습니다.
처음에 새싹이 나왔을 때는 잡초와 헷갈릴 수 있으니 사진과 같은 모습인지 확인해주세요. 당근 줄기가 너무 가늘어서 쓰러질 것 같으면 줄기 끝까지 흙으로 덮어줍니다. 이 작업을 복토라고 합니다.

햇빛

당근은 햇볕을 정말 좋아하는 채소입니다. 하루 종일 해를 받아야 웃자람 없이 튼튼하게 자랍니다. 토양이 너무 습하면 표면이 거칠어지고, 토양이 너무 건조해도 잘 자라지 못하므로 적절하게 물을 주어야 합니다.

물주기

기본적으로 흙 표면을 만져보았을 때 말라있으면 밑에 배수 구멍으로 물이 나올 정도로 흠뻑 주는 것이 좋습니다. 그래야 뿌리까지 물이 제대로 공급되기 때문입니다.
그리고 당근 잎이 5장 이상 나기 전까지는 너무 건조해지지 않도록 유의해주세요(시들어 버릴 수 있으므로). 어느 정도 자란 다음부터는 약간 건조하게 키우는 편이 더 좋습니다. 아직 당근 싹이 잎이 작고, 키가 작을 때 물을 그냥 확 부어버리면 흙이 패여 뿌리가 노출될 수 있으니 꼭 구멍이 많이 뚫린 물뿌리개를 이용해주세요. 아니면 식초병처럼 입구가 좁은 용기를 사용해도 좋습니다.

30일 정도 지난 모습

당근 뿌리가 차려면 햇빛도 많이 받아야 하지만 영양분도 많이 필요합니다. 한 달이 지난 후부터는 웃거름을 챙겨줍니다. 물에 친환경 액비를 적정비율로 희석해서 2주에 1번 정도 주면 됩니다.

파종 후 3달이 지난 모습

베란다 텃밭에서는 당근은 파종 후 수확하기까지 보통 4~6개월 정도가 걸립니다.

수확하기

당근 잎을 가지런히 모아서 손으로 딱 움켜쥔 다음 뽑아주면 됩니다. 수확한 당근 잎도 식용 가능합니다. 채소튀김을 만들어 먹으면 맛이 좋습니다.

병충해 관리

당근에 자주 발생하는 병으로는 무름병, 갈색무늬병, 검은빛잎마름병이 있습니다. 무름병은 석회를 밑거름으로 주면 발생이 줄고 갈색무늬병은 숯가루를 뿌리 근처에 뿌려주면 효과가 있습니다.

베란다 텃밭에서 채소를 키울 때, 고온 다습하거나 바람이 잘 통하지 않으면 진딧물, 응애도 잘 생깁니다. 미리미리 해충이 생기지 않도록 방지해주는 것이 가장 좋습니다. 1주일에 한 번씩 목초액을 500배 혹은 1,000배로 물에 희석해 분무기로 잎, 줄기, 새순 나는 부분에 골고루 뿌려 줍니다.

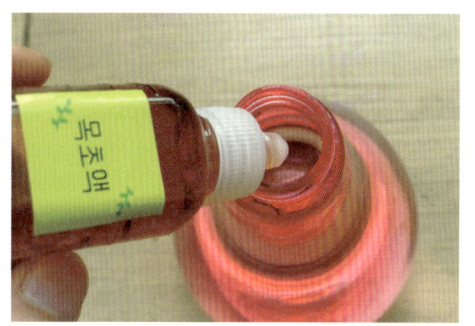

초보가 하기 쉬운 실수!! 당근 모양이 이상한 이유

당근은 옮겨 심으면 나중에 수확할 때 뿌리가 배배 꼬여서 스크류바 당근이 되거나 인삼처럼 여러 갈래로 갈라집니다. 물주기가 적절하지 않을 경우 잔뿌리가 많아져 수염 난 아저씨 당근이 되어 버릴 수 있습니다. 작은 화분에 키웠을 때도 당근이 길쭉하게 자라지 못하고 몽당연필처럼 자라게 됩니다.

- 파종 시기 : 2~3월
- 재배 온도 : 낮 26~28도, 밤 16~18도
  최저 온도 : 15도
  발아 온도 : 25~28도
- 발아 일수 : 5~7일
  발아 특성 : 암발아
- 수확까지의 일 수 : 약 4~5개월
- 토양 : 깊고 물 빠짐이 좋은 비옥한 흙
- 물주기 : 너무 습하지 않게

GARDENING 4

앉아서 크는 토마토

앉은뱅이 황금 방울토마토

햇빛을 받으면 반짝반짝 빛이 나는 보석 같은 방울토마토.
씨앗을 파종하고 꽃이 피고 열매가 맺히는 모습을 보는 재미가 톡톡히 있는 작물입니다.
방울토마토 중 앉은뱅이(혹은 땅딸이) 품종은 키가 많이 자라지 않아
베란다 텃밭에서도 관리하기 어렵지 않습니다.
여름부터 가을 초까지 내내 수확할 수 있어 더욱 즐거운 작물, 방울토마토!

씨앗 심기

싹이 나기 전까지 절대 물을 말리지 않습니다. 토마토는 혐광성 종자이기 때문에 싹이 나오기 전까지는 빛을 보지 않는 것이 좋으며, 싹이 트면 바로 햇빛이 잘 들고 바람이 잘 통하는 곳에 화분을 옮겨줍니다.

분갈이하기

본잎이 3~4장 이상이 되면 큰 화분에 옮겨 심어줍니다. 너무 어릴 때 분갈이하면 뿌리가 제대로 뿌리내리지 못하고 시들 수 있습니다. 분갈이 시 흙은 분변토 50%, 배양토 50%를 섞어서 화분에 넣어줍니다.

재배 장소와 화분 선택하기

햇빛이 부족하면 줄기만 길쭉하게 길어지므로 웃자라지 않도록 해가 제일 잘 드는 장소에 놓아주세요.
열매채소는 너무 작은 화분에 심으면 뿌리가 깊게 내릴 수 없어 시들시들 죽을 수 있으니 깊이가 깊은 화분을 사용합니다(28cm 이상). 너비가 넓고 깊이감이 있는 큰 화분일수록 더욱 크게 잘 자라며 열매를 많이 맺을 수 있습니다.

지지대 세우기

보통 방울토마토는 키가 1m 이상 자라서 지지대를 반드시 세워주어야 하지만 앉은뱅이 방울토마토는 키가 작게 자라기 때문에 따로 지지대를 세우지 않습니다. 하지만 열매가 많이 달리게 되면 가지가 무거워지므로 원줄기가 휘청거리지 않게 식물 지지대를 세워주면 좋습니다.

곁순 제거하기

본잎과 줄기 사이에 나는 곁순을 손으로 꺾어 떼어버립니다. 계속해서 자라나는 곁순을 따주지 않으면 꽃과 열매에 쓰여야 할 영양분이 모자라게 되므로 반드시 제거해줍니다. 원가지에만 열매가 달리게 해야 합니다. 여름에는 하루가 다르게 곁순이 나오므로 거의 매일 손질해야 합니다.

너무 많이 자란 곁가지를 꺾어서 물꽂이하면 얼마 지나지 않아 뿌리가 생겨납니다. 이것을 다시 흙에 심어주면 또 하나의 방울토마토 모종을 만들 수 있습니다.

TIP. **원가지란?** 처음 파종했을 때부터 일자로 쭉 자란 가지
곁가지란? 잎겨드랑이 사이에서 새로 돋는 곁순이 자란 가지

물주기

물은 항상 약간 모자라게 주는 것이 좋습니다. 일단 겉흙을 손으로 만져보았을 때 흙이 말라 있으면 그때 흠뻑 줍니다. 잎이 시들어버리고 색이 바래면 과습이 원인일 수 있습니다. 과습으로 인해 뿌리가 다칠 수 있으니 주의 물을 너무 매일 주어 흙이 항상 습하게 있으면 꽃이 잘 피지 않을 수 있습니다. 특히 열매가 열린 후에 물을 너무 많이 주면 열매껍질이 터지고 맛도 싱거워집니다.

인공수정하기

방울토마토는 샛노란 색의 꽃이 핍니다. 손가락으로 줄기를 툭툭 쳐주면 꽃가루가 암술머리에 붙어 수분이 됩니다. 모가 부드러운 수채화 붓 등으로 여기저기 다른 꽃의 수술 부분을 문질러도 좋습니다.

웃거름주기

첫 꽃이 피고 나서부터는 1주일에 한 번꼴로 액체비료 : 물 = 1 : 500 비율로 섞어 물 줄 때 같이 줍니다(광합성을 위해 해가 뜨기 전 이른 아침에 주는 것이 좋습니다). 방울토마토 아래쪽 잎들이 초록색이 아니라 누렇게 변해버렸거나 꽃이 열매로 바뀌지 않고 그냥 시들어서 떨어져 버린다면 영양부족일 가능성이 큽니다.

방아다리에 생긴 첫 꽃은 꼭 떼어주세요!

방아다리에 생긴 첫 꽃을 떼어주지 않으면 새로운 꽃을 피우고 잎을 내는데 쓰여야 할 양분이 중간에 핀 꽃에 딱 걸려서 방울토마토 성장에 좋지 않습니다.

* 방아다리 : 자라면서 Y자로 줄기가 갈라지는 부분

열매 맺기

인공수분이 완료되면 꼭지 부분 밑으로 열매가 생기고 시간이 지나면서 점점 커집니다. 꽃은 열매 끝에 붙어있다가 자연히 시들어 떨어집니다. 화분 주위에 거울이나 알루미늄 반사판을 대주면 빛을 골고루 받을 수 있게 되어 열매의 아랫부분도 잘 익게 됩니다.

관리하기

열매채소는 하루 5시간 이상 해를 받아야 꽃도 잘 피고 열매도 잘 매달리게 됩니다. 원활한 통풍과 광합성을 위해 열매 윗부분에 있는 잎은 한두 장씩 제거해주는 것이 좋습니다.

수확하기

연두색이었던 방울토마토 열매가 색이 완전하게 변해 노랗게 다 익게 되면 수확합니다. 손으로 꼭지 부분을 꺾어서 따줍니다.

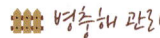

병충해 관리

건강한 토마토의 모습은 줄기와 잎이 힘있게 서 있고 잎이 초록색이며 표면이 깨끗합니다. 잎의 색이 흐리고 시들해 바스러지는 이유는 햇빛 부족, 통풍 부족, 과습, 영양부족, 물 부족, 고온 다습, 건조 등 여러 가지가 있으니 평소에 주의를 기울여 항상 작물의 상태를 확인합니다. 병에 걸린 잎은 바로바로 떼버려 다른 잎으로 퍼지는 것을 예방합니다. 베란다 텃밭에서 해충에 의한 방울토마토 피해는 거의 생기지 않으나 만약 피해가 있다면 잎 표면에 반점 등이 생깁니다.

우리가 알고 있는 방울토마토는 빨간색이 보통입니다.
하지만 그 외에도 노랑, 주황, 핑크, 보라, 검정, 무늬가 있는 것 등
다양한 색상의 품종들이 있습니다.
베란다 텃밭에서 색다르고 예쁜 색깔의 방울토마토를 키우는 재미를 느껴보세요.

- 파종 시기 : 2~3월, 7~8월
- 재배 온도 : 낮 25~27도, 밤 23~24도
- 최저 온도 : 18도 이상
- 발아 온도 : 28도
- 발아 일수 : 5~7일
- 수확까지의 일 수 : 약 5~6개월
- 토양 : 비옥하고 물 빠짐이 좋은 흙
- 물주기 : 너무 습하지 않게

GARDENING 5

의외로 잘 크는

노랑 파프리카

비타민의 보고서! 파프리카는 오렌지보다 비타민이 3배나 더 많습니다.
빨강, 노랑, 주황 색깔별로 영양소도 다양한데, 노랑 파프리카는 특히 성장기 어린이들에게 좋고
혈관 질환을 예방할 수 있습니다. 파프리카는 식감이 아삭아삭하고 수분이 많으며 풋풋한 향이 나
샐러드로 먹기에도 좋고 볶거나 구우면 단물이 나와서 더 맛있게 먹을 수 있습니다.
베란다 텃밭에서는 이른 봄에 파종하거나 늦여름에 파종해서 키울 수 있으며
거름이 충분하고 큰 화분에 심는다면 수확량도 기대해볼 수 있습니다.

씨앗 심기

흙에 파종하기 전에 미리 물에 1~2일 정도 담가두면 발아율이 높아집니다. 날이 찬 날에는 보습과 보온이 되도록 뚜껑을 덮어줍니다. 며칠 뒤에 흰색 뿌리가 살짝 생기면 흙에 심어줍니다.

싹 틔우기

발아 온도가 낮으면 발아 기간이 길어집니다.
싹이 트기 전까지는 물이 마르지 않도록 수시로 스프레이로 물을 뿌려 줍니다.

모종 키우기

모종 포트 혹은 모종 트레이는 바닥에 놓지 않고 화분 밑면을 공기 중에 노출해 뿌리가 안쪽에서 자라게 합니다. 햇빛이 부족해서 웃자라 비실비실하지 않도록 잘 관리해 줍니다. 모종 키울 때 관리 온도는 낮 25도, 밤 22도가 적당하며 공중습도는 65% 정도가 좋습니다.

분갈이하기

본잎이 6~7장이 나고 첫 꽃이 생기면 큰 화분에 옮겨 심습니다. 이보다 늦으면 뿌리가 제대로 내리기 힘들어 잘 자라지 못합니다. 열매채소들은 영양분이 많이 필요하므로 퇴비(분변토)를 많이 섞어줍니다. 배양토와 분변토 비율은 1:1로 해주면 좋습니다. 화분은 해가 제일 잘 들고 바람이 잘 통하는 곳에 두고 키웁니다. 바람이 잘 통하지 않으면 튼튼하게 자라지 못하며 병충해가 생기기 쉽습니다.

곁순 따기

첫 꽃이 피면 열매채소를 키우면서 제일 중요한 작업, 곁순 따기를 해야 합니다. 원가지와 첫 꽃 바로 밑의 가장 튼튼한 곁순 2개를 빼고는 나머지 곁순들은 다 따줍니다. 세 줄기만 남겨서 키워야 튼실한 파프리카 열매가 자라게 됩니다(가지가 Y모양이 되도록).

⌐ 물주기

성장기에 물을 줄 때는 흙을 만져보아 마른 것을 확인한 다음에 물을 줍니다. 물주는 시간은 되도록 해가 뜨기 전 이른 아침이나 밤에 합니다. 햇볕이 뜨겁게 내리쬐는 시간에 물을 주면 생육에 지장을 줄 수 있습니다.

⌐ 개화

움츠리고 있던 몽우리가 벌어지면서 흰색 꽃이 피어납니다(고추 꽃과 동일하게 생겼습니다).

⌐ 인공수정하기

베란다 텃밭에서는 인공수분 작업을 해야 확실히 열매를 얻을 수 있습니다. 붓이나 면봉 등으로 꽃 안쪽에 수술 부분을 건드려 꽃가루가 떨어지게 한 다음, 다른 꽃에 꽃가루를 묻혀줍니다. 3일 동안 이 작업을 반복해주면 열매가 생길 확률이 높아집니다.

⌐ 착과 : 열매가 생김

인공수분이 제대로 잘 이루어지면 꽃은 자연히 시들어 버립니다. 시든 꽃을 들춰 보면 속 안에 열매가 들어찬 걸 볼 수가 있는데 새끼손톱만 했던 열매가 시간이 지나면서 점차 커지게 됩니다. 첫 꽃에서 자란 열매는 완전히 커지기 전에 따줍니다.

착과 후 관리

일교차를 줄여줍니다. 낮 온도 21~24도, 밤 21도~22도가 되게 관리해주는 것이 좋으며 공중습도는 70~80% 정도가 적당합니다. 습도가 낮으면 열매가 잘 열리지 않습니다.

웃거름주기

웃거름은 꽃이 피기 시작했을 때부터 1주일에 한 번씩 액체비료와 물을 1 : 500배 비율로 섞어 물 줄 때 같이 줍니다. 열매가 광합성을 최대한 잘 할 수 있게 열매를 가리는 잎은 수시로 따주세요.

수확하기

보통 열매가 생기고 7~10주가 지나면 수확할 수 있으며 색이 90% 이상 변했을 때 따주면 됩니다. 너무 늦게 수확하면 물러져 맛이 떨어지며 냉장고에 저장할 수 있는 기간이 짧아집니다.

병충해 관리

베란다 텃밭에서는 진딧물, 응애, 총채벌레 등의 피해를 볼 수 있습니다. 해충의 피해를 줄이기 위해서는 항상 환기가 잘되도록 유의하며 과습하지 않습니다. 곁순제거도 수시로 해주고 끈끈이 트랩을 화분 주위에 설치합니다.

목초액, 난황유 등 친환경 해충약을 희석한 물을 분무기에 넣어서 1주일에 1번씩 주기적으로 뿌려줍니다. 진딧물이 발생한 경우 테이프로 진딧물을 적당히 제거 후 제충국을 새순이 나는 부분, 잎의 앞, 뒤 줄기에 꼼꼼하게 뿌려줍니다. 3일 정도 지난 후에 약을 한 번 더 뿌려줍니다.

GARDENING 6

골라서 키우는 재미가 있는, 국민 쌈채소

그린 상추

한국인들이 제일 좋아하는 채소를 한 가지 꼽으라고 한다면 단연 쌈채소인 상추가 1등이지 않을까요.
우리가 흔히 마트에서 볼 수 있고, 삼겹살집에서 기본 반찬으로 내주는 상추는 붉은색의 꽃상추인데
사실 상추의 종류는 생각하는 것보다 꽤 많습니다.

꽃상추   라피드상추   레드오크상추   로메인상추   롤로상추   미니컵로메인상추

버터상추   적로메인상추   청상추   청오크상추   흑치마상추

옛날부터 우리나라에서 재배되고 있는 치마 모양의 잎을 가진 청치마 상추
아삭아삭 고소한 맛이 나서 이름이 버터인 버터헤드 상추,
로마 시저 황제가 주로 샐러드로 많이 먹었다고 이름이 붙여진 로메인 상추,
파마한 것처럼 잎이 바글바글거리는 롤로 상추, 햇빛을 많이 받으면 검게 변하는 흑치마 상추,
잎이 오크나무의 잎모양을 닮은 오크 상추, 라피드상추 등 모양도 이름도 무척이나 다양합니다.
상추는 종류마다 맛과 식감에 조금씩 차이가 있어 골라서 키우는 재미가 있는 작물입니다.
맛과 모양은 달라도 키우는 방법은 동일합니다.
상추의 특성이라고 하면 물을 꽤 좋아한다는 것과 수확을 오래 할 수 있다는 점입니다.
모종부터 시작하는 방법도 있겠지만 역시 씨앗부터 직접 뿌려서 키우면 애정도 그만큼 더 주게 되고
하루하루 조금씩 자라는 모습을 보다가 부쩍 자라게 되면 괜스레 뿌듯해집니다.
그리고 계속 키우면서 1차, 2차 솎아내는 재미도 함께 느낄 수 있습니다.
서늘한 기후를 좋아하기 때문에 가을에 심어 겨울에도 베란디 텃밭에서 키울 수도 있습니다.

- 파종 시기 : 한 여름을 제외한 사계절 내내
- 재배 온도 : 15~25도
  - 최저 온도 : 5~8도
  - 발아 온도 : 15~20도
- 발아 일수 : 3~7일
- 수확까지의 일 수 : 50~60일
- 토양 : 비옥한 흙
- 물주기 : 너무 건조하지 않게

↳ 씨앗 확인

상추 씨앗을 1봉지 사면 보통 1,000~2,000립 정도가 들어 있습니다. 1립은 씨앗 1개라고 생각하면 됩니다. 처음 상추를 키워보는 초보 가드너들은 이것이 대략 얼만큼의 양인지 모를 때가 있습니다. 그래서 화분 1개에 2,000립이나 되는 씨앗을 다 뿌려버리는 일도 종종 생깁니다. 2,000립이면 주말농장 10평 이상 상추만 심을 수 있는 양이라고 이해하면 됩니다. 화분 크기와 솎아내는 것을 염두해둔다고 해도 1개 화분에 씨앗 30개 이하면 충분합니다.

↳ 씨앗 심기

상추는 씨앗 껍질이 두껍기 때문에 1~2일 정도 물에 담갔다가 흙에 심는 것이 좋습니다.
싹이 트기 위해서는 햇빛이 필요하므로 흙에 깊게 심지 않으며, 화분을 바로 해가 잘 드는 장소에 놓아줍니다. 싹이 나기 전까지 수시로 분무기로 물을 뿌려 흙이 마르지 않도록 촉촉하게 해줍니다.

↳ 싹 틔우기

빠르면 3~4일 만에 싹이 나며, 겨울같이 추울 때는 투명 비닐이나 랩을 씌워 보온을 시켜주면 빨리 발아하는데 도움이 됩니다. 숨을 쉴 수 있게 랩에 구멍을 몇 개 뚫어주세요.
싹이 트는 시기에 가장 주의해야 할 점은 웃자라지 않게 하는 것입니다. 햇빛이 부족하거나 바람이 잘 통하지 않거나, 온도가 너무 낮은 경우 멀대같이 줄기만 길어지면서 키가 크게 됩니다. 이럴 경우 해가 가장 잘 드는 장소로 화분을 옮기고, 상추가 쓰러지지 않도록 웃자란 줄기 부분은 전부 흙으로 덮어줍니다.

웃자람

웃자라지 않고 싹이 잘 나온 상추

1차 솎아내기

화분에 상추 씨앗을 넉넉하게 뿌렸다면 상추가 어느 정도 자란 후 폭이 좁아지게 됩니다. 이런 상태로 계속 키우면 뿌리가 튼튼하게 내리지 못하고 잎과 잎이 겹쳐지게 되어 광합성도 제대로 하지 못하며, 바람이 잘 통하지 않아 벌레가 생기기 쉽습니다. 본잎이 4~6장 나온 후에는 어린 상추를 중간중간 뿌리째 뽑아 간격을 더 넓혀 줍니다. 뽑아낸 상추는 다른 화분에 옮겨 심거나 비빔밥 등으로 요리해서 먹습니다. 1차로 솎아낸 후에는 유실된 흙을 채워주기 위해 분변토를 뿌려줍니다.

솎아낸 후 분변토 복토

상추 관리

상추는 햇빛이 적당히 잘 들고 바람이 잘 통하는 장소라면 어디서든 키울 수 있습니다. 물을 줄 때는 겉흙을 만져보아 흙이 마른 것을 확인 후, 물을 듬뿍 줍니다. 더 풍성하고 크게 자랄 수 있도록 달걀껍질 칼슘 액체비료를 주어도 좋고 굳이 주지 않아도 괜찮습니다.
습한 장마철에는 환기에 주의하며 목초액을 뿌려주면 병충해 예방에 많은 도움이 됩니다. 너무 온도가 높거나, 상추를 옮겨 심고 바로 햇빛에 둔 경우 잎이 축 쳐져 있을 수 있습니다. 그때는 그늘에 옮겨 1~2일 놓아두면 괜찮아집니다.

수확하기

상추는 파종 후 60일부터 수확이 가능합니다. 새순이 안쪽에서부터 나오기 때문에 바깥쪽 잎부터 따줍니다. 손으로 잎의 제일 밑 부분을 뒤쪽으로 꺾어 수확합니다. 상춧잎을 모두 따버리면 새로운 잎을 내는 데 힘이 들기 때문에 수확할 때는 항상 4~6장 이상을 남기고 따줍니다. 수확한 상추는 깨끗이 씻어 상추쌈으로 먹거나 다양한 요리를 해서 먹습니다.

웃거름 주기

1차례 수확 후에는 화분이 조금 휑해집니다. 상추가 새로운 잎을 내는 것을 도와주기 위해 웃거름을 1~2주에 1회씩 줍니다. 채소용 친환경 영양액비(액체비료)를 적량(약 500배) 물에 타서 흙에 뿌려줍니다. 상추는 병에 걸리지 않고, 꽃대가 올라오지 않는 한 계속 수확이 가능하므로 수시로 잎을 따줍니다.

상추 꽃대

기온이 갑자기 올라가거나 높은 온도가 지속되면 줄기가 길어지면서 상추의 꽃대가 올라오게 됩니다. 꽃대가 올라오면 잎이 질겨지며 맛이 떨어지므로 그전까지 수확하고 화분에서 뽑아버립니다. 상추 씨앗을 받으려면 씨앗이 여물 때까지 계속 키우면 됩니다.

- 파종 시기 : 3월
- 재배 온도 : 낮 27~28도, 밤 15~18도
- 최저 온도 : 10도
- 발아 온도 : 25~30도
- 발아 일수 : 7~15일
- 발아 특성 : 암발아
- 수확까지의 일수 : 약 4개월
- 토양 : 깊고 물 빠짐이 좋은 비옥한 흙
- 물주기 : 너무 건조하지 않게

GARDENING 7

여름에 폭풍 성장하는

피클 오이

여름이 되면 폭풍 성장하는 오이, 텃밭 가드너들에게 인기 있는 채소는 역시 열매채소입니다.
모종을 튼튼하게 키워서 큰 화분에 심어 잘 관리만 하면
주렁주렁 열매가 달려 수확의 기쁨을 느낄 수 있기 때문이죠.
피클 오이는 일반 오이보다 작아 금방 수확할 수 있고,
식감이 아삭아삭하여 피클을 담가 먹으면 맛이 좋습니다.

➤ 씨앗 심기

모종 포트에 흙을 채우고 오이 씨앗을 8mm 정도 깊이로 심어줍니다. 보온유지를 위해 비닐을 덮어주고 물은 저면관수법으로 화분 밑에서부터 흡수시켜줍니다. 오이는 건조와 저온에 약하므로 초반 관리에 주의합니다. 오이 씨앗은 암발아(혐광성) 종자이므로 파종 후 해가 들지 않는 곳에 두었다가 싹이 나면 바로 햇빛이 잘 드는 곳에 놓아줍니다.

➤ 분갈이하기

오이 모종에 본잎이 3~4장 나오면 큰 화분에 옮겨 심어줍니다. 모종을 옮겨 심을 때는 너무 깊게 심지 않으며 모종의 흙과 옮겨 심는 화분의 흙 높이를 비슷하게 맞춥니다.

병충해 관리

오이는 총채벌레가 잘 생기는 작물입니다. 총채벌레의 피해를 본 잎은 흰색 반점이 생깁니다. 잎 뒷면을 잘 관찰하여 잎줄기 사이로 기어 다니는 벌레를 확인 후 스카치테이프로 떼어냅니다. 어린 모종 때부터 주기적으로 목초액을 물에 1,000배로 희석하여 스프레이로 뿌려주고 노란색 끈끈이 트랩을 화분 주위에 설치하면 예방에 많은 도움이 됩니다.

성장기 관리

다른 열매채소와 마찬가지로 오이는 일조량이 6시간 이상 되어야 키울 수 있습니다. 베란다에서 해가 가장 잘 드는 곳에 놓아두고, 한낮에는 방충망까지 열어주면 더욱 좋습니다. 그리고 오이는 물을 좋아합니다. 흙이 바싹 마르지 않도록 물 관리를 해줍니다.

지주대 설치하기

오이는 덩굴식물이므로 덩굴이 잘 뻗어 나갈 수 있도록 지주대를 세워줘야 합니다. 화분 모서리 네 군데 1개씩 흙에 지주대를 꽂아줍니다. 지주대를 둘러싸고 그물을 걸쳐주면 덩굴을 유인하는데 더욱 좋습니다. 그물이 없으면 끈을 이용해 격자무늬를 만들어 묶어 고정합니다.

곁순 따기 + 순지르기

오이가 자라면서 처음 나온 줄기가 원줄기입니다. 원줄기와 잎 사이에서 자라는 가지를 곁가지(덩굴)라고 하며 원줄기 3~5마디 아래에서 나오는 곁순과 암꽃은 모두 따줍니다. 곁순을 빨리 따줘야 원가지의 덩굴이 잘 뻗어 나갈 수 있습니다. 원가지에서 뻗어 나간 덩굴도 3마디만 남기고 잘라주어야 그 안에서 열매가 잘 열리게 됩니다. 그렇지 않으면 새로운 줄기와 잎을 내는데 힘을 다 써버려 꽃이 피어도 열매가 잘 맺히지 않습니다.

덧거름 주기

오이는 물을 자주 주게 됩니다. 그래서 비료 성분 유출이 빠르므로 주기적으로 거름을 주어야 합니다.

액체비료는 반드시 희석 비율에 맞추어 물에 타야 하며 분갈이 후부터 1주일 1번씩 줍니다.

알갱이비료는 너무 많이 주면 식물이 시들 수 있으니 한번 줄 때 10~20알 정도만 흙 위에 뿌려줍니다(1달에 2번 정도가 적당하며, 주는 양은 화분 크기와 흙의 양에 따라 달라집니다).

개화

오이는 암꽃과 수꽃이 따로 피게 됩니다. 암꽃은 꽃이 필 때부터 이미 어린 오이 모양의 씨방을 갖고 있습니다. 씨앗을 받기 위해서라면 수정을 해야 하지만 열매 수확을 위해서는 수정이 필요하지 않습니다.

오이꽃이 활짝 피었을 때

오이 수꽃

오이 암꽃

━ 수확하기

첫 번째 열매가 2cm 정도 자라면 미리 따주는 것이 줄기에 골고루 영양성분이 잘 전달될 수 있습니다. 오이는 열매가 생겼다 싶으면 금방 자라니 수확 시기를 놓치지 않는 게 중요합니다. 열매 크기가 10cm 정도 되면 수확합니다.

━ 병충해 관리

오이에 잘 생기는 병해인 노균병, 흰가루병이 생긴 잎은 조심스럽게 떼서 소각하고, 론비타를 3일 간격으로 꼼꼼하게 뿌려줍니다. 예방책으로는 끈끈이 트랩 설치, 목초액 뿌리기, 과습하지 않기, 통풍을 잘 시켜주기 등이 있습니다.

오이 생장점 자르기

오이는 줄기가 계속 계속 위로 자랍니다. 키가 너무 커지면 키우는 공간이 비좁아지므로 1미터 정도 자라면 맨 위의 생장점을 잘라줍니다.

* 생장점이란? 맨 꼭대기 줄기 끝에서 자라고 있는 잎을 말합니다. 생장점을 자를 때는 잎과 줄기를 모두 자릅니다.

GARDENING 8

가을에 꼭 파종해야 할
브로콜리

비타민C가 풍부하고 항암효과가 뛰어난 웰빙 채소, 브로콜리는 식탁에 자주 올라오는 채소입니다.
브로콜리는 봄 파종도 가능하지만 장마와 무더위가 오면 병충해에 걸리기 쉽고
원래 서늘한 기후를 좋아하기 때문에 늦여름에 파종하여
가을, 겨울에 키우는 것이 맛이 더 달고 영양도 풍부합니다.

⎯ 씨앗 심기

브로콜리 씨앗은 싹이 빨리 나오는 편입니다. 씨앗이 마르지 않게 수시로 스프레이로 물을 뿌려 흙을 촉촉한 상태로 유지해줍니다.

⎯ 1차 솎아내기

한 화분에 너무 여러 개를 키우면 자라는 속도가 더디게 되므로 2~3포기를 남기고 나머지는 뽑아줍니다. 뽑은 새싹은 다른 화분에 옮겨 심어도 OK.

뿌리채 손으로 뽑아냅니다.

솎아낸 뒤의 모습

- 파종 시기 : 7~8월
- 재배 온도 : 낮 15~25도, 밤 15~20도
- 최저 온도 : 10도
- 발아 온도 : 15~25도
- 발아 일수 : 3~4일
- 발아 특성 : 광발아
- 수확까지의 일 수 : 4~5개월
- 토양 : 깊고 보수력이 좋은 유기질 흙
- 물주기 : 너무 습하지 않게
- 원산지 : 지중해 동부 연안

복토하기

어린잎은 줄기가 가늘어 휘청거리거나 물을 주다가 쓰러질 수 있으니 흙으로 줄기 부분을 덮어줍니다(분변토로 하면 웃거름도 되니 더욱 좋습니다).

물주기

물은 기본적으로 겉흙이 마르면 한 번씩 물뿌리개로 골고루 흙에 뿌려 흠뻑 적셔줍니다. 잎이 축 처져 있다면 저면관수법(화분 밑에서부터 물을 흡수하도록 하는 방법)을 이용해 물을 주면 금방 다시 생기를 되찾습니다.

2차 솎아내기

브로콜리는 양분이 많이 필요하며 뿌리가 많이 뻗을 수 있어야 합니다. 깊이감이 있고 큰 화분에 키워야 잘 자랄 수 있으며, 1개 화분에는 1개의 브로콜리만 키웁니다.

비료 주기

2차 솎아내기가 끝난 후, 혹은 분갈이 후 한 달 정도가 지났을 때와 꽃봉오리가 보이기 시작할 때 웃거름을 줍니다. 액체비료를 비율에 맞추어 적당량 희석하여 물과 함께 줍니다. 여기서 사용하는 액체비료와 물과 희석 비율은 1 : 500배입니다. 비료 1mL를 물 500mL에서 희석하여 사용합니다.

➥ 꽃봉오리

가장 윗부분의 중심에서 꽃봉오리가 생기기 시작하고 시간이 지나면서 점점 크기가 커지게 됩니다. 또 꽃봉오리가 나올 때, 수확 시기에 가장 영양이 필요하므로 수확 시까지 충분한 영양공급을 해줍니다.

➥ 수확하기

브로콜리 지름이 10cm 정도가 되면 중심 꽃봉오리를 가위나 칼로 잘라줍니다.

➥ 곁줄기 꽃봉오리 수확하기

중심에 있던 꽃봉오리를 수확하고 나면 곁줄기에서 계속 작은 꽃봉오리들이 나오는데, 이것도 수확 가능합니다. 브로콜리 잎도 함께 수확합니다.

➥ 병충해 관리

베란다 텃밭에서 거의 병충해 없이 잘 큽니다. 간혹 바람이 잘 통하지 않으면 잎 뒷면, 혹은 새순에 진딧물이 생길 수 있으니 평소 환기에 유의합니다.

━ 개화

늦가을에 파종하여 겨울까지 계속 키우던 브로콜리는 봄에 갑자기 온도가 높아지면 송이 전체에 노란색 꽃이 필 수 있습니다. 그러므로 그전에 수확합니다. 혹은 씨앗이 여물기를 기다렸다가 채종하는 방법도 있습니다.

━ 수확물 이용하기

브로콜리 꽃송이는 데쳐서 각종 요리에 사용할 수 있습니다. 잎은 쌈으로 먹거나 사과와 함께 즙을 내서 주스로 마실 수 있습니다.

- 파종 시기 : 1년 내내
- 재배 온도 : 20~28도
- 발아 온도 : 25도
- 발아 기간 : 2~3일
- 수확 시기 : 파종 후 7~15일 이후

GARDENING 9

심기만 하면 쑥쑥 자라는 건강전도사

밀싹

이제 막 텃밭의 로망을 가지고 처음 가드닝을 시작하는 분들이나
식물이란 식물은 다 죽게 하는 마이너스의 손을 가졌지만 뭔가 식물을 키우고 싶어 하는 분들에게
가장 추천하는 작물은 바로 밀싹입니다.
거창하게 큰 텃밭이 있지 않아도 되고 집안 어디서든 재배할 수 있으며
계절에 상관없이 1년 내내 키울 수 있기 때문입니다. 재배 기간도 길지 않아 파종 후 금방 수확이 가능하며,
하루하루 쑥쑥 자라나는 밀싹을 보면서 싱그러움을 만끽할 수 있습니다.

슈퍼푸드 밀싹의 효능
세포 노화 감소, 건강한 근육조직 생성, 해독작용, 높은 면역력, 피부재생, 노화 방지

➤ 씨앗 물에 불리기

실온이 20도 정도로 약간 서늘할 때는 싹이 트는 속도가 느려질 수 있으니, 싹이 빨리 나올 수 있도록 흙에 심기 전에 미리 물에 담가 5~6시간 정도 놓아둡니다. 온도가 높을 때는 물에 불리지 않고 바로 재배를 시작합니다.

TIP. 밀씨앗 : 밀씨앗은 농약처리되지 않고, 소독되지 않은 것을 사용합니다. 쌀눈이 살아있는 무소독 씨앗이어야 발아가 가능하기 때문입니다. 밀씨앗 보관방법은 반드시 밀폐후 그늘지고 습하지 않으며 서늘한 곳에 보관합니다.

➤ 흙 담기

밀싹을 재배하는 화분은 짧은 기간 동안 재배하기 때문에 얕은 화분도 괜찮습니다. 배수 구멍을 뚫어주면 더 좋으며, 뚫지 않아도 재배는 가능합니다. 우선 화분 위에 채소용 상토를 두께 2~3cm 정도 되도록 자작하게 깔아줍니다. 흙은 반드시 새 흙을 사용합니다.

물 뿌리기

분무기로 물을 골고루 뿌려 흙을 촉촉하게 만들어 줍니다.

씨앗 뿌리기

미리 5시간 정도 불려 두었던 밀씨앗을 흙 위에 골고루 잘 뿌려줍니다. 씨앗이 너무 다닥다닥 붙어 있지 않게 해주세요.

물주기

다시 분무기로 물을 뿌려 밀씨앗을 충분히 적셔줍니다. 싹이 트기 전까지 수시로 스프레이로 물을 뿌려 씨앗이 마르지 않게 합니다. 너무 건조하면 씨앗이 말라 싹이 트지 않을 수 있습니다.

성장기 관리

재배 화분은 바람이 잘 통하는 곳에 놓고 키웁니다. 바람이 잘 통하지 않을 경우 싹이 잘 트지 않을 수 있습니다. 파종 후 2~3일 지나면 흰색 뿌리부터 생기며, 그 후부터 초록색 싹이 올라오기 시작합니다. 싹이 나온 후부터는 입구가 좁은 식초병 등으로 물을 주면 한결 편하게 물관리를 할 수 있습니다.

TIP. 싹이 막 올라올 때 뿌리 근처에 자잘하게 나는 솜털은 곰팡이가 아니라 잔뿌리입니다. 분무기로 물을 뿌리면 다시 없어집니다.

재배 2일차

재배 3일차

재배 4일차

재배 5일차

재배 6일차

재배 7일차(5월 기준)

━ 밀싹 재배 8일차

밀싹의 길이가 15cm 정도가 되면 수확합니다(계절, 날씨, 온도 등 재배환경에 따라 수확 시기는 달라집니다). 그 전에 수확해도 괜찮습니다.

수확하는 방법

밑동을 4~5cm 정도 남기고 가위로 밀싹을 잘라줍니다. 남은 밑동에서 밀싹이 자라 한 번 더 수확할 수 있습니다.

수확 후 보관방법

밀폐 용기에 담아 냉장고 채소 칸에 5~7일간 보관 가능합니다.

수확물 이용하기

수확한 밀싹은 바로 즙을 냅니다. 1인 하루 밀싹즙 섭취는 30mL가 적당합니다. 밀싹즙이 써서 그대로 마시지 못할 경우에는 좋아하는 채소나 과일을 함께 즙을 내서 주스로 마시면 훨씬 맛있게 먹을 수 있습니다.

밀씨앗 보관시 주의사항!

고온이 지속되거나 다습한 환경, 특히 한여름에는 바구미가 생길 수 있습니다. 씨앗을 바로 냉동 보관하면 이를 억제할 수 있으며 만약에 바구미가 생긴 경우, 바람이 잘 통하는 곳에 흰 종이를 깔고 씨앗을 펼쳐둡니다. 숨어있던 바구미가 기어 나오면 잡아서 휴지통에 버립니다. 바구미는 사람을 물거나 따로 피해를 직접 주지는 않습니다.

GARDENING 10

매운 멕시코 고추

그린 할라피뇨

다른 고추보다 병충해가 적고, 줄기가 튼튼하며 웃거름을 잘 챙겨주면
늦가을, 겨울까지도 수확이 계속 가능해 베란다 텃밭에서 키우기 좋은 매운 멕시코 고추, 할라피뇨입니다.
매운맛이 강해 생으로 먹기는 조금 힘들며, 주로 피클을 담가 먹습니다.
치즈가 많이 들어간 피자나 크림 파스타 등을 먹을 때 곁들여주면 할라피뇨가 느끼한 맛을 많이 잡아줍니다.

➤ 씨앗 심기

분변토를 모종 화분에 60%만 채우고 씨앗을 심습니다. 물을 분무기로 뿌려 흙을 촉촉하게 만들어줍니다. 흙 온도가 낮을 경우 온도를 높이기 위해 화분 밑에 전기장판 등을 대어 줍니다.

싹이 트기 전까지 흙이 마르지 않게 해줍니다. 어린 새싹이므로 밤 온도가 20도 이하로 떨어지지 않게 주의합니다.

➤ 옮겨 심기

본잎이 3~4장 이상 났을 때 깊고 큰 화분에 분갈이합니다. 너무 어린 모종을 옮겨 심으면 뿌리가 아직 튼튼하지 못해 새 화분에 적응하지 못하고 죽을 수 있습니다. 분갈이 후에는 그늘에 2일 정도 둡니다.

- 파종 시기 : 3월
- 재배 온도 : 낮 25~28도, 밤 18~22도
  최저 온도 : 15도
  발아 온도 : 28도
- 발아 일수 : 7~21일
  발아 특성 : 암발아
- 수확까지의 일 수 : 4~5개월
- 토양 : 깊고 물 빠짐이 좋은 비옥한 흙
- 물주기 : 너무 건조하지 않게
- 원산지 : 멕시코

➤ 물주기

고추는 수분이 많은 것도, 아주 건조한 것도 싫어합니다. 다습하면 병에 걸리기 쉬우며 너무 건조하면 꽃이 잘 떨어지거나 수확량이 적어집니다. 물은 기본적으로 흙이 마른 것을 확인한 뒤 흠뻑 주며, 날씨가 고온 건조한 여름철 일 경우 물주기에 특히 유의합니다. 한낮에는 물을 주지 않으며 해뜨기 전이나 해가 진 후에 주는 것이 좋습니다.

➤ 첫 꽃 떼기

고추가 자라면서 Y자로 줄기가 뻗습니다. 이 갈라진 부분을 방아다리라고 하는데 여기서 첫 꽃이 피면 바로 따주도록 합니다.

➤ 곁순 제거

더운 여름이 되면 끊임없이 곁순이 생겨납니다. 그대로 두면 꽃을 피우는데 써야 할 영양성분을 잎을 만드는데 전부 소비해버릴 수 있으니 튼튼한 원가지를 만들기 위해 곁순을 제거해주어야 합니다. 첫 꽃 바로 밑의 튼튼한 곁가지 2개와 원가지 외에 그 아래에서 돋아나는 새잎을 손으로 살짝 비틀어 따줍니다.

➤ 병충해 관리

바이러스에 민감하니 되도록 비를 맞지 않는 것이 좋습니다. 만약 베란다걸이대에 내놓고 키울 경우에는 비 오는 날 반드시 실내로 들여놓습니다. 벌레가 생기거나 병에 걸리는 것을 예방하기 위해서 주기적으로 목초액을 물에 희석하여 분무기로 뿌려줍니다. 희석비율은 물 : 목초액 = 500 : 1로 집에서 직접 만든 난황유도 효과가 좋습니다.

개화

꽃이 잘 피는 온도는 18~23도, 공중습도 80%입니다. 햇빛이 부족하거나 비료가 부족하면 꽃이 잘 피지 않을 수 있습니다.

착과 : 열매가 생김

고추의 착과는 70% 정도 스스로 수분하고 30% 정도는 곤충이나 바람, 물에 의해 수분합니다. 꽃이 피고 꽃가루가 잘 터지는 오전 8~10시경에 선풍기 바람을 쐬주거나 받침대를 흔들어 주면 수분에 유리합니다.

비료 주기

꽃에서 열매로 바뀌려면 영양분이 많이 필요합니다. 꽃이 피기 시작하면 2~3주에 한 번씩 웃거름을 줍니다. 액체비료는 비율에 맞추어 물에 희석하여 물과 같이 주면 됩니다. 알갱이비료는 티스푼으로 1t 정도만 흙 위에 뿌려 줍니다.

수확하기

열매 크기가 6~7cm 정도가 되었을 때 수확합니다. 꼭지 부분을 손으로 비틀어 따주면 됩니다. 수확 시기가 지나면 표면에 상처가 나고 과육도 물렁해집니다. 크기가 작을 때 수확하면 그다지 맵지 않지만 수확 시기에 맞추어 수확한 열매는 아주 맵습니다.

ˇ 씨앗 받기

씨앗을 받기 위해서는 열매가 완전하게 다 익은 후 따줍니다. 고추 열매가 빨갛게 완전히 익었을 때 수확한 후 씨앗을 꺼내 그늘에 말려 수분을 날려줍니다.

ˇ 수확물 이용하기

할라피뇨는 주로 피클을 담가서 먹지만 씨를 발라내고 속에 치즈를 채워 튀겨서 먹어도 맛있습니다.

겨울나기

일반적으로 고추는 1년생으로 알고 있지만 서리가 없는 조건에서 다년생 식물입니다. 추워지기 전에 가지치기하고 새 흙으로 분갈이 후 방이나 거실로 들여서 관리합니다. 온도를 20도 이상으로 유지해주고 밤에는 온실 하우스에 넣어주고 식물 LED 등을 쐬면서 부족한 빛을 보충해줍니다.

- 분갈이 시기 : 3~4월초
- 개화 시기 : 5~6월초
- 월동 온도 : 품종에 따라 다름
- 수확 시기 : 여름 7~8월
- 토양 : 산도 pH4.2~5.0의 산성토양
- 물주기 : 건조하지 않게

GARDENING 11

매년 풍성한 열매를 맺어주는
블루베리

매일매일 먹고 싶은 새콤달콤 맛있는 블루베리!
집에서 키워서 먹으면 얼마나 좋을까 하고 생각만 했다면 이제부터는 직접 키워보세요.
몇 가지 재배 포인트를 알고 나면 한결 쉽게 다가갈 수 있습니다.

▼ 블루베리 품종 선택

블루베리는 품종이 매우 다양한데 재배 시, 지역환경과 내한성을 고려해서 선택하는 것이 좋습니다.

하프하이부시 블루베리는 겨울 최저기온 -20도 정도의 지역으로 주로 강원도, 산간지역이 좋으며 북부하이부시 블루베리는 겨울 최저기온이 -10도~-20도 정도의 지역으로 제주를 제외하고 국내 전 지역에서 가능합니다. 남부하이부시 블루베리는 겨울 최저기온이 0도~-10도 정도로 제주, 일부 남부지역에서 재배가 가능합니다. 래빗아이 블루베리는 겨울에도 영하로 잘 떨어지지 않는 제주지역에서 키울 수 있습니다.
그중에서도 집에서 키우기 좋은 품종은 자가수정률이 높은 남부하이부시 선샤인블루와 키가 높게 자라지 않는 탑헷이 있습니다.

분갈이하기

분갈이하기 좋은 시기는 봄 3월, 가을에는 11월입니다.

1. 화분 바닥에 큰 자갈 혹은 마사토를 깔아줍니다. 그리고 블루베리용 흙을 10cm 정도 깔아줍니다.
2. 키우던 화분에 있던 블루베리 묘목(혹은 모종)을 화분에서 조심히 꺼냅니다.
3~4. 묘목을 놓고 주위에 흙을 채워 놓은 후 살짝 눌러줍니다.
5. 흙이 많이 건조해지는 것을 막기 위해 바크를 흙 위에 얹어줍니다.
6. 물뿌리개로 물을 충분히 뿌려줍니다. 피트모스는 처음에 물을 주어도 잘 흡수하지 못하므로 여러 번 물을 더 줍니다.

흙 고르기

블루베리는 물 빠짐이 좋으며 유기질이 풍부하고 푹신푹신한 산성토(pH4.2~pH5.0)를 좋아하므로 일반 상토나 배양토를 사용하면 안 되고 반드시 블루베리 전용 흙을 사용해야 합니다.
직접 흙을 배합할 경우에는 피트모스를 50% 이상 섞어주세요. 일반 흙은 대부분 알칼리성이라서 블루베리 재배에 실패할 수 있습니다.

물주기

블루베리를 키우면서 가드너들이 제일 어려워하는 부분이 바로 물주기입니다. 일단 과습하지 않는 것이 중요하며, 블루베리는 건조에 약한 편이기 때문에 물주는 시기를 놓치지 않도록 합니다. 물주는 양과 횟수는 키우는 환경에 따라서 많은 차이를 보입니다. 더운 여름에는 물을 자주 주고 추운 겨울에는 물을 되도록 주지 않습니다.

물주는 시기를 파악하는 방법은 잎의 상태를 확인하거나 흙이 말라있는지 확인하는 것입니다. 화분을 들어서 화분 속에 물이 얼마나 들어있는지 가늠하고 물을 주는 것이 좋습니다. 제일 좋은 방법은 매일매일 관심을 가지고 블루베리 상태가 어떤지 확인하는 것입니다. 물이 부족하지 않을 때는 잎이 탱글탱글 빳빳하게 서 있고, 잎에 반점이 없고 깨끗하며 색은 짙은 초록입니다. 물이 부족할 때는 잎이 바닥 쪽으로 힘없이 축 늘어지며, 잎의 색이 옅어집니다.

물을 줄 때는 대략 흙 20L에 물 2~3L 정도로 충분히 주어야 합니다. 뿌리까지 충분히 물이 가야 하며, 화분 밑 배수 구멍으로 물이 빠져나오는 것을 확인합니다. 그리고 수돗물은 pH가 7.0 정도로 약알칼리성이므로 계속 수돗물을 줄 경우 흙이 중성화됩니다. 수돗물보다는 빗물(pH 5.6)을 받아서 주는 것이 가장 좋습니다.

꽃이 피고 열매가 맺히는 시기에 물이 부족하면 꽃이 시들거나 열매가 쪼글쪼글해질 수 있으니 이 시기에는 물주는 시기를 절대 놓치지 않아야 합니다.

햇빛

블루베리와 같은 과일나무는 햇빛을 많이 봐야 합니다. 햇빛이 5시간 이상 들지 않는 베란다 텃밭에서 키우기 힘듭니다. 일조량이 부족하면 꽃이 잘 피지 못하며, 열매가 잘 달리지 않습니다. 바람도 잘 통해야 하므로 낮에는 되도록 방충망까지 열어주는 것이 좋으며 베란다 걸이대를 설치하여 밖에 내주는 것이 가장 좋습니다.

개화

선샤인블루 품종은 다른 블루베리와 다르게 처음에는 예쁜 분홍색 꽃이 핍니다. 그러다가 꽃이 점차 항아리치마 모양이 되면서 청초한 흰색으로 바뀌게 됩니다. 꽃이 정말 예뻐서 어느 관상수 못지않게 베란다를 화사하게 빛내줍니다.

인공수정하기

가정에서는 벌이나 다른 곤충에 의한 수정이 어려우므로 직접 인공수정을 해주어야 합니다.

직접 수정하는 방법은 수채화 붓이나 메이크업 브러시로 꽃 수술 부분을 문질러 다른 꽃에 꽃가루를 묻혀주는 것입니다. 자가 수정율이 높다고 하더라도 바람이 제한적인 베란다 텃밭에서는 도구를 이용하여 확실하게 수정해 주는 게 좋습니다. 인공수정 방법은 꽃이 피고 2~3일 동안 계속 반복해주셔야 착과율이 높아지며 다른 품종을 두 개 더 심어 열매 수확량이 더 많아지게 합니다.

비료 주기

적절하게 비료를 주면 블루베리 나무가 쑥쑥 잘 자라며 열매도 튼튼하게 맺힙니다. 과다하게 사용하면 병충해에 걸리기 쉽지만, 너무 주지 않아도 나무가 약하게 자랄 수 있습니다. 분갈이하고 6주 정도는 비료사용을 삼가야 하는데 뿌리가 어느 정도 새 흙에 적응해야 하기 때문입니다. 비료는 블루베리 전용 비료를 이용합니다. 일반 비료는 마그네슘, 칼슘, 철분 등 필요한 성분들이 블루베리 흙에 잘 흡수되기 어려우므로 효과가 별로 없습니다.

주는 시기는 생육이 왕성한 봄에 2~3회, 9월에 한 번 줍니다. 9월 이후에 가을 늦게까지 비료를 주면 싹이 나와 버려 단풍이 늦을뿐더러 서리의 피해를 입을 수 있습니다. 그리고 병충해 피해가 많아질 수 있으므로 질소질의 비료를 과다하게 사용하지 않습니다.

수확하기

꽃이 피고 60~80일이 지난 후, 열매가 보랏빛이 도는 진한 남색으로 변하면 그때 수확합니다. 너무 일찍 따버리면 아직 완전하게 익지 않아 달콤한 맛이 나지 않습니다. 블루베리는 한꺼번에 모든 열매가 다 익지 않기 때문에 잘 익은 열매부터 차례로 수확합니다. 수확 후에는 바로 냉장 보관하며, 보관일수는 7일 이내입니다.

⌐ 가지치기

2년생 묘목이나 꺾꽂이 가지를 화분에 분갈이 한 경우, 특별히 가지치기를 할 필요는 없습니다. 키운 지 3~4년이 되는 해에 가지치기를 과감하게 해주어 모양을 만들면 됩니다.

⌐ 여름철, 겨울철 관리

- 여름철 : 고온 건조에 주의해야 하며, 한여름 뙤약볕 혹은 직사광선을 피해 주세요.
- 겨울철 : 영하로 기온이 내려가기 전에 물을 주어 뿌리가 마르지 않게 합니다.

대부분 블루베리는 영하 3~4도에서 1~2개월을 견뎌야 다음 해에 열매를 맺을 수 있습니다. 겨울에는 실내에 두지 말고 집 바깥(경비실 앞 등)에 둡니다.

⌐ 블루베리 씨앗부터 키우기

블루베리 나무는 씨앗부터 키우면 자라는 속도가 느리기 때문에 대부분 묘목에서 시작합니다. 하지만 시간이 오래 걸려도 씨앗부터 키워 자라는 모습을 보고 쭉 지켜보는 것도 텃밭을 즐기는 느림의 미학이 아닐까 생각합니다.

1. 저온처리를 해주면 싹이 잘 트기 때문에 씨앗을 냉장고에서 1~2주일 정도 보관합니다.
2. 물은 자작하게 담은 용기에 씨앗을 넣고 불려줍니다. 흰색 뿌리가 나오면 흙에 심어줍니다.

TIP. 실온이 낮은 겨울이나 초봄에 심을 경우 냉장고 위, 컴퓨터 본체 위, 정수기 뒤 등에 용기를 두면 따뜻하여 뿌리가 금세 나오게 됩니다.

3. 작은 화분에 피트모스를 넣고 물을 뿌려준 다음 뿌리가 나온 씨앗을 깊지 않게 심어줍니다.
4. 해가 잘 들고 바람이 잘 통하는 곳에 화분을 놓고 흙을 촉촉한 상태로 유지해줍니다.
5. 온도는 25~28도가 적당하며, 씨앗을 심고 2~4주가 지나면 싹이 트게 됩니다.

- 파종 시기 : 3월
- 재배 온도 : 낮 25~28도
  최저 온도 : 16도
  발아 온도 : 28도
- 발아 일수 : 14~20일
  발아 특성 : 암발아
- 수확까지의 일 수 : 4~5개월
- 토양 : 깊고 물 빠짐이 좋은 비옥한 흙
- 물주기 : 너무 건조하지 않게

퍼플 벨가지

동글동글 열매가 작은

발아 온도가 높아서 초봄에 파종할 때는 온도를 잘 맞춰주어야 하고 씨앗부터 파종해서 키우면
자라는 속도는 조금 더디지만 더운 여름에는 폭풍 성장을 하는 채소입니다.
그리고 8월 이후에도 웃거름을 충분히 주면 늦가을까지도 수확할 수 있어서 베란다 텃밭에서 키우기 좋습니다.
화분은 크면 클수록 많은 수확량을 기대할 수 있습니다.

씨앗 심기

발아 온도가 낮으면 싹이 잘 트지 않습니다. 온도를 높여주기 위해서 실온이 25도가 넘는 곳에서 파종하며 화분 밑에 전기장판 등을 깔아 보온시켜 흙 온도를 높여줍니다. 싹이 트기 전까지는 빛을 보지 않는 게 좋습니다.

어린 묘 관리법

묘가 자라는 동안에도 20도 이상이 돼야 하며, 기온이 떨어지는 밤에는 특히 주의합니다. 어릴 때부터 목초액을 뿌려 병충해 예방에 힘을 씁니다.

옮겨 심기

잎이 5~7장 정도 나며 큰 화분에 옮겨 심어줍니다. 흙은 상토 5, 분변토 5 비율로 섞어주면 좋습니다. 분갈이 직후에는 화분은 잠시 1~2일 정도 반그늘에 두고 관리하고 그 이후에는 해가 잘 들고 바람이 잘 통하는 곳으로 이동시킵니다.

개화

가지는 꽃을 보면 현재 영양 상태 파악이 가능합니다. 가지 꽃에 암술(끝이 초록색이고 한가운데 길쭉하게 나온 흰색 부분)과 수술(암술을 둘러싸고 있는 노란색 부분)이 있습니다. 그 길이의 차이로 영양 상태를 파악할 수가 있습니다. 암술이 수술보다 길어야 영양 상태가 좋은 것이며 수술이 더 길면 영양 부족이므로 웃거름(비료)을 넉넉하게 주어야 합니다.

곁순 제거하기

첫 꽃이 피면 곁순을 따주어 건강하게 3줄기로 키웁니다. 원가지와 첫 꽃 바로 밑에서 자라는 곁가지 2개를 남기고 그 아래서 나는 곁순은 손으로 비틀어 따줍니다. 너무 커진 잎이나 오래된 잎도 부지런히 따주어야 바람도 잘 통하고 밑에서 피는 꽃과 열매들이 광합성을 잘할 수 있습니다.

비료 주기

첫 꽃이 피고 나서는 비료를 주어야 합니다. 액체비료는 1주에 한 번씩 물에 희석하여 물 줄 때 같이 주고, 알갱이비료는 1달에 2번 아주 소량만 흙 위에 뿌려줍니다. 도중에 꽃의 암술 상태를 봐서 비료를 좀 더 주기도 합니다.

물주기

너무 건조한 것도 너무 습한 것도 좋지 않습니다. 물을 흙을 만져보아 말랐을 때 한 번씩 흠뻑 주며, 미리 물을 받아놓아 찬기가 없어진 물을 해가 뜨기 전에 이른 아침에 주는 것이 좋습니다. 많이 건조하고 햇빛이 강한 여름에는 하루 2번 정도 물을 주기도 합니다(흙이 말라 있어야 합니다).

━ 인공수정하기

베란다 실내에서는 인공수정을 해야 열매가 잘 맺게 됩니다. 부드러운 붓으로 수술, 암술 부분을 문질러주세요.
이 작업은 2~3일 동안 계속해주면 더 좋습니다. 햇빛이 충분하지 못하거나 영양분이 부족하면 꽃이 수정되지 못하고 그냥 시들어 떨어지게 됩니다.

━ 착과 : 열매가 생김

첫 꽃이 피고 얼마 지나지 않아 수정되면 열매가 맺히게 됩니다. 이 첫 열매는 다 크기 전에 미리 따주어야 양분이 포기 전체에 골고루 갈 수 있습니다.

━ 수확하기

수확은 열매의 크기가 아이들 주먹만 하게 커지면 그때그때 합니다. 가지 꼭지 윗부분을 뒤로 꺾어서 따거나 원예용 가위로 잘라 수확합니다. 수확 시기를 놓치면 가지의 맛이 좋지 않으니 주의합니다.

━ 수확물 이용하기

가지는 구워서 먹거나 소고기와 같이 찜을 해서 먹으면 맛있습니다. 수확량이 많을 때는 말려서 냉동 보관합니다.

병충해 관리

베란다 텃밭 내에서는 바람이 잘 통하지 않으면 진딧물과 응애가 생깁니다. 최대한 바람이 잘 통하는 장소에 화분을 두고 키워야 하며 낮에는 방충망까지 활짝 열어두는 것이 좋습니다.

해충이 생기는 것을 예방하기 위해서 1주일에 1번은 목초액을 500배~1,000배로 물에 희석하여 분무기로 뿌립니다. 너무 병이 많이 진행된 잎은 즉각 떼어서 버리고 3~4일 간격으로 약을 뿌려줍니다.

GARDENING 13

탐스러운 열매

무화과

8~11월까지 제철인 무화과는 단맛이 풍부하고 껍질이 얇으며 알갱이가 톡톡 터지는 식감으로 남녀노소 가리지 않고 좋아하는 과일입니다. 변비 치료, 해독작용, 고혈압 개선, 노화 예방 등의 효능이 있어 건강에도 좋으며, 무화과에는 단백질 분해 효소인 피신이 풍부해서 고기를 먹은 후에 후식으로 먹으면 소화가 잘 된다고 합니다. 무화과는 별다른 병충해가 없어 무농약으로 키울 수 있어 관리하기 쉬우며 해가 잘 드는 곳이라면 어디서든 키울 수 있습니다.

➤ 분갈이하기

분갈이는 1~3월에 실시합니다. 무화과나무는 유기질이 많고 물이 잘 빠지는 흙을 좋아합니다. 화분 재배 시에는 펄라이트와 피트모스를 많이 섞어줍니다. 퇴비로는 잘 부숙된 부엽토나 분변토 등을 섞어줍니다.

➤ 비료 주기

1년 내내 계속 가지가 자라며 열매가 크기 때문에 봄부터 가을까지 비료를 주기적으로 줍니다. 칼륨 성분이 많은 비료를 주는 것이 좋습니다.

- 파종 시기 : 3월
- 재배 온도 : 낮 25~28도
  최저 온도 : 16도
  발아 온도 : 28도
- 발아 일수 : 14~20일
  발아 특성 : 암발아
- 수확까지의 일 수 : 4~5개월
- 토양 : 깊고 물 빠짐이 좋은 비옥한 흙
- 물주기 : 너무 건조하지 않게

관리하기

되도록 재배 온도를 맞춰 최고 35도, 최저 10도 이하가 되지 않도록 관리해야 합니다. 또한, 시설 내의 습도가 높지 않도록 통풍이 잘되는 곳에 화분을 놓고 키웁니다.

물주기

무화과나무는 물을 꽤 좋아합니다. 너무 건조하면 잎이 떨어지고 성장이 약해집니다. 물은 흙이 마르면 한 번씩 흠뻑 주면 됩니다. 한 번 물을 줄 때 4리터 정도의 흙이라면 보통 1리터 정도의 물을 줍니다. 과습은 절대 금물! 뿌리가 썩어서 생육에 지장을 줍니다. 반드시 흙이 마른 것을 확인한 후 주어야 합니다.

병충해 관리

무화과는 무농약 재배가 가능하며 병충해가 거의 없습니다. 병에 걸리지 않은 건강한 무화과는 잎이 초록색을 띠며 잎에 반점이 생기거나 색이 변하지 않습니다.

무화과 열매 자라는 모습

무화과 열매는 사실 과일이 아니라 꽃입니다(꽃봉오리=열매). 수분하지 않아도 열매가 됩니다. 열매에 해가 닿지 않는 부분은 색이 변하지 않습니다. 열매 바로 위에서 그늘을 만들고 있는 잎이 있다면 제거해줍니다.

━ 수확하기

무화과는 사과, 배 등과 같이 수확기에 한꺼번에 수확하는 과일이 아니므로 자라는 대로 수확하며 초록색이던 열매가 검붉어지면 수확합니다. 오래 보관하기 힘드므로 수확 후에는 바로 먹는 것이 좋습니다.

━ 꺾꽂이(삽목) : 자른 가지를 흙에 심는 것

무화과나무는 꺾꽂이를 통해 번식할 수 있으며, 뿌리를 내리는 힘이 좋고 흙을 가리지 않습니다. 꺾꽂이하는 방법은 우선 나무에서 가지를 반 뼘 정도 잘라주고 새 흙에 심어 줍니다. 심을 때는 너무 깊이 묻지 않도록 합니다. 무화과나무는 천근성(뿌리가 땅속 깊이 들어가지 않고 표면에 분포하는 식물) 작물이므로 바로 땅에 꺾꽂이할 경우에는 옆으로 비스듬히 꽂는 게 좋습니다. 가지가 마르지 않게 물을 주고 햇빛을 자주 보여주면 잘 자랍니다. 추운 겨울에는 10도 이상으로 관리해주고, 부족한 빛은 식물 LED 등으로 해결합니다.

수확물 이용하기

무화과는 주로 생과일로 먹거나 말려서 건과일로 먹습니다. 요리에는 무화과 샐러드, 무화과 케이크 등이 있습니다.

- 파종 시기 : 봄(3~6월), 가을(9~10월)
- 재배 온도 : 17~25도
- 발아 온도 : 15~25도
- 발아 기간 : 2~4일
- 수확 시기 : 파종 후 2~3달 뒤(베란다 텃밭 기준)
- 토양 : 물 빠짐이 좋은 흙
- 물주기 : 너무 건조하지 않게
- 원산지 : 유럽

GARDENING
14

보면 볼수록 귀여운

핑크 래디시

밖에서는 20일 만에 수확할 수 있는 래디시는 베란다 텃밭에서 키우게 되면
수확까지 2~3달 정도 걸리지만 다른 뿌리채소보다는 빨리 수확할 수 있는 편입니다.
당근처럼 긴 화분에 심거나 비트처럼 큰 화분에 심을 필요도 없으며, 장마를 포함한 한여름을 제외하고는
1년 내내 키울 수 있습니다. 키우기도 어렵지 않고 핫핑크 컬러가 예쁘고 모양이 귀여워서
자꾸 키우게 되는 비주얼 채소입니다.

씨앗 심기

발아율도 좋고 싹이 빨리 트는 편이기 때문에 햇빛이 제일 잘 드는 장소에 둡니다. 흙이 촉촉하도록 계속 스프레이로 물을 뿌려줍니다. 모종 포트에 키우기보다는 재배할 화분에 바로 파종합니다(직파).

솎아내기

1개 화분에 래디시를 빽빽하게 키울 수 없기 때문에 적당히 6~7cm 간격을 넓혀서 주어야 합니다. 중간중간 싹을 뽑아줍니다. 솎아낸 래디시는 다른 화분에 옮겨 심어주어도 좋습니다. 옮겨 심은 뒤에는 1~2일 정도 서늘한 그늘에 화분을 놓아 새 흙에 적응시켜줍니다.

뿌리째 뽑아내는 모습

1차로 솎아낸 모습

➤ 복토하기

햇빛이 잘 들지 않으면 빨간 부분이 웃자랄 수 있습니다. 빨간 부분은 줄기가 아니라 나중에 무가 들어차서 통통해지는 부분입니다. 빨간 부분이 보이지 않도록 흙으로 덮어주세요.

➤ 흙 관리하기

흙이 너무 건조해지지 않도록 물주기를 게을리하지 않습니다. 토양을 너무 건조하게 했다가 갑자기 물을 주면 뿌리가 터질 수 있습니다. 통풍이 잘되지 않거나 너무 습하면 진딧물이 생길 수 있습니다. 평소에 환기에 유의합니다.

➤ 수확하기

지름이 2~3cm 정도가 되면 수확합니다. 잎을 통째로 잡고 뿌리째 뽑아냅니다. 수확 시기를 놓치면 무 표면이 갈라지기 때문에 주의합니다.

➤ 수확물 이용하기

래디시는 겉은 핫핑크이고 속은 일반 무처럼 흰색입니다. 일반 무보다 맵지 않고 육질이 단단하지 않아 샐러드에 넣어 생으로 먹기 좋으며 주로 피클을 만듭니다. 동치미나 열무김치처럼 담가서 먹어도 맛있습니다.

➥ 래디시 궁금증 Q & A

❶ 래디시 모양이 동글동글하지 않은 이유는?
햇빛 부족이거나 솎아내기가 불충분해서 포기 사이가 비좁았기 때문입니다. 혹은 자라는 동안 너무 고온이었거나 토질에 따라서도 둥근 뿌리가 길어질 수 있습니다.

❷ 잎만 무성하고 뿌리가 굵어지지 않는 이유는?
과다한 질소분(N)이 원인입니다. 뿌리채소에는 칼륨(K)비료가 좋습니다.

- 🌡 **최적 생육 온도** : 15~18도(10도 이하로 떨어지거나 24도 이상일 경우 생육이 멈출 수 있습니다.)
- 🌱 **발아 기간** : 3~7일
- 📅 **재배 시기** : 10~20일

GARDENING 15

하루가 다르게 무럭무럭 자라는
새송이버섯

'해가 잘 들지 않고 그늘지고 추운 집이라
겨울에는 뭔가를 키우는 것이 정말 힘들다'고 하는 분들에게 추천하는 채소는 바로, 버섯입니다.
서늘하고 그늘진 곳에 버섯 배지통을 두고 부지런히 물을 뿌려
습도만 조절해주면 하루가 다르게 쑥쑥 크는 모습을 구경할 수 있습니다.
버섯 배지는 전문몰에서 구입할 수 있습니다.

준비물
버섯 배지와 통, 스프레이, 부직포

1

버섯 배지를 받으면 바로 재배를 시작합니다. 일단 배지의 상태를 확인합니다. 배지에 직접 물을 뿌리면 안 됩니다. 배지가 딱딱하게 굳어져 재배에 실패할 수 있습니다.

2

배지 위에 부직포를 덮고 스프레이로 물을 뿌려줍니다. 배지에 물이 고이지 않게 주의합니다.

3

공기가 잘 통하고 서늘한 장소(15~18도)에 배지통을 두고 수시로 물을 뿌려 부직포가 마르지 않게 해줍니다. 직사광선을 피해 해가 잘 들지 않는 그늘진 현관, 창고 등이 좋습니다.

4

틈이 나는 대로 부직포가 마르지 않았나 확인하며 물을 뿌려주고 부직포를 들춰보아 버섯이 나오고 있는지 확인합니다. 며칠(3~7일 후)이 지나면 아주 작은 버섯들이 여러 개 올라옵니다. 버섯들이 올라오면 부직포를 걷어내 줍니다.

5

버섯 주변을 스프레이로 물을 뿌려 습도를 높여줍니다. 직접 버섯에 뿌리는 것이 아니라 거리를 두고 뿌려 주변의 습도를 높여줍니다. 버섯에는 약간의 이슬이 맺히는 정도면 충분합니다.

6

버섯이 새끼손가락 크기만큼 자라나면 통에는 2개만 남기고 나머지는 수확해줍니다. 시중에서 판매되는 미니 새송이버섯이 바로 이때 수확한 버섯입니다. 수확한 미니 새송이버섯은 요리해서 먹을 수 있습니다.

7

통에 남긴 버섯 2개는 지금까지와 같은 방법으로 물을 뿌리며 키워줍니다. 버섯 표면이 갈라진다면 건조하다는 증거이니 물을 수시로 잘 뿌려주세요.

8

2주 정도가 지나면 버섯이 다 자랍니다.

버섯은 손으로 꺾어서 수확합니다.

수확 후 갈색 배지가 나올 때까지 긁어내고 2차 재배도 가능합니다. 처음 재배를 시작할 때와 마찬가지로 부직포부터 덮어주고 물을 뿌립니다.

계절별 버섯키우기

버섯 키우기 제일 좋은 계절은 겨울입니다. 하지만 봄, 여름, 가을도 재배는 가능합니다. 단 버섯이 좋아하는 온도로 조절하면 됩니다. 기온이 너무 높을 경우 아이스박스에 아이스팩과 같이 배지통을 두면 됩니다. 습도가 높을 경우에는 굳이 부직포를 덮지 않아도 됩니다.

재배환경(물을 뿌리는 횟수, 온도, 습도, 공기순환의 정도)이 다르므로 발아 기간이나 재배 기간은 다를 수 있으며 동일하게 자라지 않습니다. 그리고 버섯의 모양이나 색상도 다를 수 있습니다.

같은 방법으로 새송이버섯 외에 느타리버섯, 팽이버섯 등도 가정에서 손쉽게 키울 수 있습니다.

➡ 버섯 키우기 실패하는 이유

푸른색, 검은색 곰팡이는 NO!
흰색 거미줄과 솜사탕같은 곰팡이는 정상이나, 푸른색, 검은색 등 다른 색상의 곰팡이가 핀다면 과습 또는 산소 부족으로 인해 문제가 생긴 것이니 빨리 긁어내고 재배를 다시 시작합니다.

딱딱해진 배지는 NO!
건조하게 되면 배지가 딱딱하게 굳어 버섯이 자라지 못하게 됩니다. 흰색 균사에 직접 물을 뿌려도 배지가 딱딱하게 굳어 버섯이 자라지 못하게 됩니다. 배지가 굳었다면 모두 긁어내고 다시 재배를 시작합니다.

물을 너무 많이 주어도 NO!
버섯과 배지가 검은색으로 변했다면 습도가 너무 높아서 잘못된 것입니다. 정상톱밥이 나올 때까지 배지를 긁어서 다시 재배를 시작합니다. 하지만 정상톱밥이 나오지 않거나 흐물흐물하게 썩었다면 모두 버려야 합니다.

Part 03

...

꽃과 허브가 있는
낭만 베란다 정원 만들기

레몬바질 · 루꼴라

로젤 히비스커스

헬리오트로프 · 스테비아 · 애플민트

천일홍 · 보리지 · 제라늄

칼랑코에 · 비올라 꽃

- 파종 시기 : 4~5월
- 재배 온도 : 20~25도
- 최저 온도 : 1년생으로 월동 불가
- 발아 온도 : 25도
- 발아 일수 : 5~10일
- 발아 특성 : 광발아
- 개화 시기 : 9~11월
- 수확 시기 : 6~10월
- 토양 : 보수력이 있는 비옥한 땅
- 물주기 : 너무 건조하지 않게
- 원산지 : 인도, 이집트, 태평양섬

GARDENING 1

스윗바질과 레몬 향이 솔솔

레몬바질

가드닝을 시작하는 가드너들 대부분이 가장 선호하는 작물이 바질입니다.
키우기도 어렵지 않고 수확도 틈틈이 할 수 있으며 바로 요리에 사용할 수 있고,
독특하고 향긋한 바질의 향이 굉장히 매력적이기 때문입니다.
토마토와 올리브 오일, 치즈와 궁합이 잘 어울리는 바질은 이탈리아 요리에 절대 빠지지 않는 허브입니다.
바질은 스윗바질, 레몬바질, 시나몬바질, 오팔바질, 미니바질 등 종류도 많고
잎 모양과 향도 조금씩 달라 골라서 키우는 재미가 꽤 쏠쏠합니다.

─ 씨앗 심기

바질 씨앗에 물에 닿으면 올챙이알 같은 투명한 막이 생깁니다. 싹이 발아하는 동안에는 흙이 마르지 않으며 20도 이하로 떨어지지 않게 관리합니다.

스윗바질과 레몬바질의 자라는 모습을 보면 잎 모양이 약간 다르고 레몬바질은 레몬 향이 납니다. 재배 방법은 동일합니다.

스윗바질 파종 후 15일째

파종 후 25일째

파종 후 35일째

레몬바질 파종 후 15일째

파종 후 25일째

파종 후 35일째

⌐ 재배 장소 정하기

햇빛이 잘 들고 바람이 잘 통하는 곳에서 키웁니다. 바람이 잘 통하지 않으면 병충해가 잘 생기니 주의!

⌐ 물주기

너무 건조하면 좋지 않습니다. 겉흙이 마른 것을 확인한 후 물을 줍니다. 물이 부족하면 잎에 생기가 없고 흐물거리게 됩니다.

⌐ 비료 주기

바질은 생육이 왕성하므로 추가로 비료를 주어야 합니다. 키가 한 뼘 이상 자랐을 때부터 2~3주에 한 번 정도 액체 비료를 물에 적당량 희석하여 줍니다.

⌐ 순지르기

줄기가 20cm 정도 자라면 윗순을 잘라줍니다. 순지르기를 해주면 일자로 자라던 바질이 잘라준 곳에서 곁가지가 여러 갈래로 생겨나 보다 풍성하게 자라게 되며 수확량이 많아집니다.

⌐ 수확하기

잎이 풍성해지면 그때그때 조금씩 수확해줍니다. 꽃이 피면 잎이 뻣뻣해지고 향이 떨어지기 때문에 꽃이 피기 전에 수확합니다. 수확하는 방법은 잎을 손으로 따주거나 가위로 줄기 중간중간 잘라주면 됩니다.

➤ 개화 & 채종

꽃대가 올라오면 수확을 계속하기 위해서는 꽃대를 잘라내고 채종을 위해서라면 꽃을 그대로 둡니다. 인공수정을 따로 할 필요가 없으며 꽃이 지고 씨방이 생겨 갈색으로 변해 여물 때까지 기다렸다가 씨앗을 받습니다.

➤ 병충해 관리

바람이 잘 통하지 않거나 흙이 너무 습하면 벌레가 생길 수 있습니다. 해충이 생기면 초록색이고 깨끗했던 잎에 지저분하게 반점들이 생깁니다. 주로 잘 생기는 해충으로는 솜깍지, 응애 등이 있으며 예방책으로 평소 환기가 잘 되도록 해주고 목초액을 주기적으로 뿌려줍니다.

스윗바질 분갈이하는 방법(포기 나누어 옮겨 심기)

1

화분 바닥에 구멍을 뚫어 물이 흘러내려 갈 수 있는 배수 구멍을 만들어 줍니다. 토분이나 배수 구멍이 큰 화분에는 깔망을 넣어줍니다.

2

화분에 허브배합 흙을 넣어줍니다(원예용 상토 6 : 펄라이트 3 : 퇴비 1). 물 빠짐이 좋아야 하기 때문에 흙에 펄라이트나 마사토 등을 많이 섞어 줍니다.

3

본잎이 4~6장 이상이 되면 분갈이합니다. 그전에 하게 되면 뿌리가 아직 약해 분갈이 후 금방 죽을 수 있습니다.

4

화분에 있는 바질 모종을 통째로 꺼내줍니다. 그리고 뿌리가 다치지 않게 포기와 포기 사이의 흙을 나눠 분리해줍니다. 포기나누기를 한 바질은 각각 다른 화분에 심어줍니다.

5

물뿌리개로 물을 뿌려 흙을 촉촉하게 적셔줍니다. 화분 가운데 홈을 파주고 그 안에 바질포기 1개를 심어줍니다.

6

분갈이가 끝난 화분은 1~2일 정도 그늘에서 쉬게 하고 그 이후에는 바람이 잘 통하고 해가 잘 드는 곳에 둡니다.

GARDENING 2

쌉싸름하고 고소한 마성의

루꼴라

5~6년 전에 뉴욕으로 여행을 간 적이 있는데 소호에 있는 어느 유명한 브런치카페에서 점원의 추천으로 루꼴라 피자를 처음 접했습니다. 루꼴라 잎 자체에서 나오는 독특한 향과 쌉싸름하게 톡 쏘면서도 고소한게 정말 맛이 있었습니다. 한국에 와서도 그 맛을 잊을 수가 없어, 베란다 텃밭에서 직접 루꼴라를 키우게 되었습니다.
베란다 텃밭에서 정성 들여 키운 루꼴라의 첫 수확은 정말 성공적이었습니다! 샐러드부터 시작해서 피자, 파스타, 샌드위치 등 각종 이탈리아 요리를 해서 먹은 것은 물론이고 삼겹살 먹을 때 쌈채소로서의 궁합도 좋습니다. 반찬이 없을 때는 어린 루꼴라 잎을 따서 고추장 넣고 슥슥 비벼서 먹는 비빔밥도 정말 꿀맛!
그때 이후로 루꼴라는 베란다 텃밭에서 1년 내내 키우는 애정 허브가 되었습니다.

⸺ 씨앗 심기

루꼴라는 초여름이 되어 온도가 조금만 올라가 따뜻해져도 금방 꽃대를 올리기 때문에 봄 파종보다는 가을에 파종하는 것이 더 오랫동안 수확할 수 있습니다. 추위에 강해 서늘한 기온에서도 잘 자라기 때문에 겨울에도 계속 수확이 가능합니다.
하지만 어린 상태에서 수확하면 고소한 맛이 더 나기 때문에 봄에 대량 파종해서 짧은 기간 동안 키워서 수확하는 것도 좋습니다.

- 파종 시기 : 한여름을 제외한 1년 내내
- 재배 온도 : 10~20도
- 발아 온도 : 15~25도
- 발아 일수 : 3~7일
- 개화 시기 : 4~5월, 7~8월
- 수확 시기 : 수시로
- 토양 : 물 빠짐이 좋은 흙
- 물주기 : 너무 습하지 않게
- 원산지 : 지중해 연안

복토하기

햇빛이 부족하면 줄기만 길어지는 웃자람 현상이 생깁니다. 줄기가 휘청거리지 않게 흙을 채워 덮어줍니다.

관리하기

기본적으로 물은 흙이 마른 것을 확인 후 흠뻑 줍니다. 비료는 많이 줄 필요가 없습니다. 통풍이 잘되어야 병충해가 잘 생기지 않으니 원활한 환기에 주의를 기울입니다.

솎아내기

처음에 파종할 때 씨앗을 너무 많이 뿌리면 자라면서 루꼴라 포기들이 다닥다닥 붙어있게 됩니다. 잎 사이사이 간격이 좁으면 그만큼 통풍이 잘 안 되게 됩니다. 이럴 경우 진딧물이 생기기 쉬우니 중간중간 포기를 뿌리째 뽑아내 포기 사이 간격을 넓혀줍니다.

수확하기

잎의 크기가 10cm 이상 크면 수확을 시작합니다. 루꼴라는 잎이 커지는 대로 수시로 수확하는 것이 좋습니다. 수확하는 방법은 바깥쪽 잎부터 뒤로 꺾어 손으로 따주면 됩니다. 수확한 후에는 액체비료를 500배 물에 희석하여 웃거름을 줍니다.

─ 개화

온도가 올라가 따뜻해지면 꽃대를 올리고, 잠자리 모양의 꽃이 피게 됩니다. 꽃대가 올라오면 잎이 딱딱해지므로 수확을 계속하려면 얼른 꽃대를 따줍니다. 꽃이 피었다가 지면 씨방이 생기며, 완전히 말라 갈색으로 변하면 채종합니다. 채종한 씨앗은 밀봉하여 냉장 보관하면 이듬해 다시 파종할 수 있습니다.

─ 병충해 관리

루꼴라는 통풍이 잘되지 않으면 새순이 돋는 부분에 진딧물이 생기므로 통풍관리에 주의를 기울입니다.
너무 간격을 좁게 해서 심어 키우거나, 물을 너무 많이 주어 너무 습하게 되지 않도록 합니다.
예방법으로 1주일에 1번씩 목초액을 1,000배로 물에 타서 뿌려주며, 진딧물이 생겼을 경우에는 친환경 해충약 난황유 혹은 제충국 등을 뿌려서 처방합니다. 반드시 희석비율을 지켜서 물에 희석해야 하며, 진딧물이 완전히 없어질 때까지 3~4일 간격으로 뿌려줍니다.

GARDENING 3

꽃보다 꽃받침

로젤 히비스커스

물에 우려내면 붉은 물빛이 매우 예쁘고 새콤새콤한 맛이 나는 히비스커스.
로젤 히비스커스는 잎 모양이 독특하며, 꽃은 약간 무궁화와 비슷하게 생겼습니다.
차로 마시는 부분은 꽃이 아니라 짙은 자줏빛의 꽃받침을 말린 것입니다.
추위에 약해 월동을 할 수 없으므로 이른 봄에 파종해서 가을에 수확을 마치는 것이 좋습니다.

1 2 3

↳ 솜파종하기

로젤처럼 발아하는 기간이 오래 걸리는 작물은 흙에 바로 파종하는 것보다 물에 담가 뿌리를 먼저 낸 다음 흙에 심는 것이 좋습니다.

1. 용기에 화장솜을 깔고 그 위에 씨앗을 올려두고 스프레이로 물을 뿌려 씨앗과 화장솜을 촉촉하게 해줍니다.
2. 구멍을 뚫은 뚜껑을 덮어 수분이 날아가지 않게 합니다. 실온이 25도 정도 되는 곳에 놓습니다.
3. 씨앗 껍질을 뚫고 흰색 뿌리가 나오면 그때 흙에 심어 줍니다.

TIP. 씨앗을 물속에 넣어 이틀 이상 두면 녹아버릴 수 있으니 주의합니다.

- 파종 시기 : 3월
- 재배 온도 : 20~30도
- 월동 온도 : 월동 불가
- 발아 온도 : 25~28도
- 발아 일수 : 7~15일
- 발아 특성 : 광발아
- 수확 시기 : 10~11월
- 토양 : 깊고 물 빠짐이 좋은 비옥한 흙
- 물주기 : 건조하게
- 원산지 : 열대 아시아, 아프리카 북서부

⤻ 모종 포트에 심기

파종용 화분에 흙을 70% 정도 채운 다음, 스프레이로 물을 뿌려 흙을 촉촉하게 만들어 줍니다. 화분 한가운데 흙을 2~3cm 정도 파서 미리 뿌리를 낸 로젤 씨앗을 심어줍니다. 포트에 심고 얼마 지나지 않아 싹이 트게 됩니다.

⤻ 분갈이하기

본잎이 6장 이상 나온 후, 큰 화분에 옮겨 심어줍니다. 허브 심을 때 추천하는 흙 배합률은 배양토 : 마사토 : 펄라이트 : 퇴비 = 4 : 3 : 2 : 1이며, 화분은 바람이 잘 통하고 햇빛이 아주 잘 드는 곳에 놓고 키웁니다.

⤻ 순지르기

가지가 20cm 정도 자랐을 때 맨 윗순을 원예 가위로 잘라줍니다. 잘라낸 가지 옆으로 새로운 가지들이 나옵니다. 순지르기를 해주면 본래 자라던 원가지 외에 3~4개의 곁가지가 나와 풍성하게 키울 수 있습니다.

순지르기를 하지 않고 키우면 계속 일자로만 길게 키가 크게 됩니다. 딱히 문제가 생기지는 않지만 수확량이 적어지게 됩니다.

꺾꽂이(삽목)

순지르기하고 난 뒤 잘라낸 가지는 꺾꽂이를 해서 화분을 늘릴 수 있습니다. 화분에 새 흙 (상토 5 : 버미큘라이트 5로 배합한 흙)을 넣고 물을 흠뻑 준 다음 잘라낸 가지를 꽂아 줍니다. 물은 자주 주지 않고 약간 건조하게 키웁니다. 1~2달이 지나면 뿌리가 잘 내려있는 것을 볼 수 있습니다.

꽃받침 형성

이른 봄에 파종한 로젤은 여름이 되면서부터 자주색 꽃받침이 생겨납니다.

개화

꽃이 피려고 할 때 저녁 5시 이후에는 차광막을 씌워줬다가 아침에 해가 뜨는 시간에는 다시 차광막을 벗겨줍니다. 이렇게 하면 개화시기를 앞당길 수 있습니다. 로젤 히비스커스 꽃은 아침에 일찍 피고 금방 시들어 버리기 때문에 꽃을 보려면 이른 아침에 확인해야 합니다.

꽃이 피려고 하는 모습   꽃이 만개한 모습

⌐ 관리하기

물관리는 약간 건조하게 해주는 것이 좋으며 과습은 피합니다. 꽃이 피려면 영양분이 많이 필요하기 때문에 웃거름은 1달에 1번 정도 줍니다. 맨 아래 잎들이 누렇게 뜬다면 영양부족이며, 영양이 부족하면 열매가 잘 맺히지 않습니다.

⌐ 수확하기

꽃이 지고 나서 꽃받침을 따서 수확합니다. 수확한 자줏빛의 꽃받침은 잘 말려 허브티로 마실 수 있습니다. 로젤은 추위에 약해서 월동을 할 수 없으니 추워지기 전에 수확을 끝냅니다.

⌐ 씨앗 받기

꽃받침 안에 있는 씨앗이 충분히 여물 수 있도록 합니다. 처음에는 자주색 꽃받침 안쪽의 씨방이 연두색입니다. 이것이 황토색으로 변할 때까지 놔둡니다. 씨앗은 1개 꽃받침 안에 20~24개 정도 들어있습니다.

- 파종 시기 : 12~2월
- 재배 온도 : 15~25도
- 월동 온도 : 10도 이상
- 발아 온도 : 20~24도
- 발아 일수 : 10~14일
- 발아 특성 : 광발아
- 개화 시기 : 1년 내내
- 토양 : 배수가 잘되고 비옥한 토양
- 물주기 : 너무 건조하지 않게
- 원산지 : 페루, 에콰도르

GARDENING 4

초콜릿 향이 나는 보라색 꽃이 피는

헬리오트로프

달콤한 바닐라 초콜릿 향이 나는 헬리오트로프는 향수의 원료로도 쓰이는 허브입니다.
안쪽으로는 흰색이고 점점 끝으로 갈수록 보라색으로 물든 꽃이 피는데 크기가 아주 앙증맞습니다.
추위에 약해 겨울에는 10도 이상으로 관리해야 하지만 봄 여름 가을 겨울 1년 내내 꽃이 활짝 피어
베란다 정원을 환하게 빛내주는 식물 중 하나입니다.
게다가 향이 정말 달아서 마치 초콜릿을 음미하는 느낌이 납니다.

헬리오트로프는 직접 파종해서 키우기가 까다로운 편입니다.
그래서 대부분은 모종을 구매해서 키우기 시작하는데, 좋은 모종을 구별하는 팁은
우선 줄기가 웃자라있지 않아야 하며 잎이 싱싱하고 푸른 것,
본잎 아래 쌍떡잎이 있는 것, 병충해 피해가 없는 것 등을 확인해야 합니다.
왼쪽 사진의 헬리오트로프 모종은 가지는 튼튼하지만 너무 일자로만 키가 커서 (웃자람) 풍성하지 못한 모습입니다.
계속 이대로 키우면 위로만 자라기 때문에 적당히 가지치기를 해주어야 합니다.

웃자란 모종

좋은 모종

가지치기

잘라낸 가지의 모습

1. 원예 가위로 헬리오트로프의 가지 중간을 싹뚝 잘라냅니다.
2. 물꽃이를 하기 위해서 위에 잎을 몇 장만 남기고 그 밑으로는 잎을 떼어줍니다.
3. 예쁜 글라스 혹은 빈 용기에 물을 넣고 가지를 꽂아줍니다.

헬리오트로프 가지를 물꽃이한 모습

4. 물꽃이 한 유리병은 바람이 잘 통하는 창가에 두고 물은 매일 갈아줍니다. 뿌리를 내리는 데는 20~30일 정도 걸립니다.

TIP. 물꽃이 한 유리병을 거실이나 식탁 등에 두면 인테리어 효과가 있으니 가지를 몇 개 더 잘라서 관상용으로 키우는 것도 좋습니다.

5. 한 달 후 물꽃이했던 가지에서 뿌리가 생겼습니다. 그대로 수경재배로 계속 키울 수 있으며, 뿌리가 좀 더 나오면 흙에 심어줍니다.

6. 가지치기하고 나서 직후의 모습.

   계속 자라기에는 화분이 너무 작으니 한 두 사이즈 더 큰 화분에 분갈이해줍니다. 분갈이하고 나서는 1~2일 정도 반그늘에서 관리합니다. 그 이후에는 해가 잘 들고 바람이 잘 통하는 곳에 화분을 둡니다.

7. 가지치기한 모종을 큰 화분에 분갈이하고 15일이 지난 모습.

   앙상했던 가지에 새로운 잎들이 새록새록 돋아났습니다. 물은 너무 자주 주어 습기가 지나치게 많지 않도록 합니다. 건조에도 약하니 겉흙이 마르면 바로 물을 흠뻑 줍니다.

⤷ 비료 주기

비료는 식물의 생장이 왕성한 때는 봄, 가을에 유기질 비료를 소량 흙 위에 뿌려줍니다. 꽃이 1년 내내 피므로 1달에 1번씩 주는 것이 좋습니다.

⤷ 저온처리

개화 시기에 화분을 10도의 환경에서 9일간 노출한 후에 20도의 환경으로 옮겨주면 꽃이 더 빨리 핍니다.

↘ 개화

햇빛을 많이 받으면 받을수록 더 진한 보랏빛의 꽃이 핍니다. 꽃은 줄기째 수확하여 꽃꽂이에 이용하거나 드라이플라워, 포푸리 등을 만들 수 있습니다.

↘ 시든 꽃 제거

병충해 예방도 하고, 다음 꽃이 더 빨리 필 수 있도록 시든 꽃은 빨리 제거해주는 편이 좋습니다.

↘ 병충해 관리

헬리오트로프는 벌레가 잘 생기지 않습니다. 그러나 다른 식물에서 옮겨 올 수도 있으니 늘 관심을 두고 주의 깊게 잎의 상태를 살펴봅니다. 영양이 부족하면 아래쪽 잎이 누렇게 뜨게 되면 물을 너무 자주 주어 과습하게 되면 잎끝이 새카맣게 탑니다.

GARDENING 5

설탕의 단맛을 그대로

스테비아

설탕보다 더 달달한 허브, 스테비아(Stevia)는 천연 감미료로 널리 알려져 있습니다.
혈당관리, 노화 방지, 숙취 해소 등의 효능이 있으며 녹차보다 항산화 성분이 5배나 높습니다.
가을에 단맛이 증가하며 수확하여 시럽을 만들어 설탕 대신 사용합니다.
농가에서는 스테비아로 과일의 당도를 높이는 농법을 사용하기도 합니다.

⌐ 씨앗 심기

스테비아는 싹이 트는 비율이 낮으므로 되도록 씨를 넉넉하게 뿌리는 것이 좋습니다. 싹이 트는 과정에서 햇빛이 필요하기 때문에 씨앗 위로 두껍게 흙을 덮지 않습니다.

⌐ 싹 틔우기

떡잎이 나오기 시작합니다. 온도는 25도 이상, 습도는 80% 정도로 맞춰주면 7일 안에 발아하는데, 묵은 씨앗이거나 발아 환경이 좋지 않을 경우 7일~30일 정도 걸립니다. 싹이 트기 전까지는 절대 물을 말리지 않도록 합니다.

⌐ 분갈이하기

본잎이 4~6장이 되면 분갈이합니다. 분갈이 후에는 2일 정도 그늘에 두어 뿌리가 잘 내릴 수 있도록 합니다. 그 이후에는 통풍이 잘되고 햇빛이 잘 드는 곳에 화분을 놓고 키웁니다.

- 파종 시기 : 4~5월
- 재배 온도 : 21~27도
- 최저 온도 : 0도
- 발아 온도 : 25도
- 발아 일수 : 7일
- 발아 특성 : 광발아
- 개화 시기 : 8~9월
- 수확까지의 일 수 : 4개월
- 토양 : 배수력이 좋은 사양토
- 물주기 : 흙이 마르지 않게
- 원산지 : 아열대지역 습지대

물주기

스테비아는 서식지가 습지대이기 때문에 건조한 것을 싫어합니다. 겉흙이 마르면 바로바로 물을 흠뻑 줍니다. 저면관수법으로 물을 주는 것을 추천합니다. 흙이 젖어있는데도 물을 자꾸 주면 과습하게 되어 병해가 생기니 반드시 흙이 마른 것을 확인합니다.

비료 주기

분갈이 할 때 유기질 비료를 소량 섞어 주고 비료는 액체 비료를 희석하여 1달에 1~2번 정도 줍니다.

순지르기

키가 20cm를 넘었을 무렵에 가지를 중간 정도에서 잘라줍니다. 순지르기하면 새로운 가지가 나오고 포기가 많아집니다.

수확하기

스테비아의 달콤한 맛 성분인 스테비오시드가 1년 중 가장 높아지는 것이 개화 직전입니다. 개화 전에 수확하는 것이 좋습니다.

개화

꽃은 하얗고 아주 작은 크기의 꽃이 핍니다. 오후 3~4시 이후에 검은 봉지를 씌워 빛을 차단하면 꽃이 빨리 핍니다. 12시간 이상 햇빛을 쬐는 장일에서는 꽃이 피는 시기가 늦어집니다.

여름철 관리

습해에는 강한 편이나 30도 이상의 고온에는 약합니다. 한여름 직사광선을 피해 반그늘로 화분을 옮겨주세요. 병충해 예방을 위해 장마 전에 가지치기를 과감하게 해주는 것이 좋습니다.

겨울철 관리

저온에는 비교적 강한 편이나 영하로 떨어지면 동해를 입습니다. 최저 온도 0도 이상으로 관리해주며, 한낮에 날이 풀리면 창문을 열어 환기를 반드시 시켜줍니다. 물은 다른 계절보다 적게 줍니다.

채종

꽃이 지고 씨앗이 완전히 영글면 채종을 합니다.

⌐ 씨앗 보관방법

서늘하고 습하지 않은 밀폐된 곳에서 보관하면 됩니다. 잘 영글은 스테비아 씨앗의 발아율은 20~30%밖에 되지 않으며 상온에서 1년이 경과하면 거의 발아하지 않는 단명 종자입니다. 채종 후 바로 파종하는 것이 좋습니다.

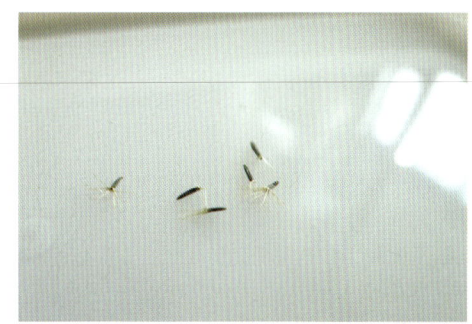

⌐ 수확물 이용하기

잎 자체에서 단맛이 나기 때문에 수시로 따서 허브티로 마실 수 있으며 시럽을 만들어 요리에도 이용 가능합니다.

⌐ 병충해 관리

베란다 텃밭에서 유의해야 할 벌레는 응애, 총채벌레, 온실가루이, 진딧물 정도입니다. 평소에 베란다 창문을 활짝 열어 바람이 잘 통할 수 있도록 해주고, 예방책으로 목초액을 물에 1,000배로 약하게 타서 수시로 스프레이로 잎이나 줄기에 뿌려줍니다.

- 파종 시기 : 3~6월, 9~10월
- 재배 온도 : 15~25도
  - 최저 온도 : -18도
  - 발아 온도 : 15~20도
- 발아 일수 : 10~15일
  - 발아 특성 : 광발아
- 개화 시기 : 5~9월
- 수확 시기 : 꽃이 피기 전 수시로
- 토양 : 물 빠짐이 좋은 흙
- 물주기 : 건조해지지 않게
- 원산지 : 유럽 서부와 남부, 서부 아시아

GARDENING 6

청량함 가득!

애플민트

살짝 만지면 향긋한 사과 향이 풍긴다고 해서 이름이 붙여진 허브 애플민트는
집 베란다, 사무실 창가 등 해가 잘 드는 곳이라면 어디서든 키울 수 있으며,
자라는 속도도 빠르고 꺾꽂이(삽목), 물꽂이도 쉬우므로 화분도 많이 늘릴 수 있습니다.
봄에 애플민트 화분을 들이면 초여름경 직접 모히토를 만들어 마시는 즐거움을 느낄 수 있습니다.

▸ 파종하기

씨앗의 크기가 아주 작습니다. 지피펠렛이나 작은 모종 포트를 이용하여 파종하는 것이 좋으며, 1개의 지피펠렛에 2~3개 씨앗만 심습니다. 물 관리는 반드시 저면관수법을 이용합니다. 흙 위로 물을 확 부어 주면 씨앗이 흙에 쓸려 깊게 파묻혀 발아하지 않을 수도 있으니 싹이 트기 전까지는 스프레이로 물을 뿌려줍니다.

▸ 자라는 모습

애플민트는 새싹도 작고 초반에는 아주 느리게 자랍니다. 1~2cm 자라는 데까지 1개월 정도가 걸립니다(환경에 따라 달라질 수 있습니다).

▸ 분갈이하기

애플민트는 무척 잘 자라기 때문에 성장함에 따라서 분갈이가 꼭 필요합니다. 분갈이 시 크기가 넉넉한 화분에 심어줍니다. 흙은 물 빠짐을 좋게 하기 위해 마사토 혹은 펄라이트를 많이 섞어주고 분갈이 후에는 1~2일 정도 그늘에서 쉬게 합니다. 그 후에는 해가 잘 들고 바람이 잘 통하는 곳에 화분을 놓습니다.

물주기

겉흙이 마르면 한 번씩 물을 흠뻑 줍니다. 바닥에 물이 흘러나오는 것을 확인! 애플민트는 건조에도 약하기 때문에 자주 흙 상태를 점검하여 물주는 시기를 놓치지 않도록 합니다. 하지만 그렇다고 물을 너무 자주 주게 되면(너무 습하면) 뿌리가 상할 수 있으며, 뿌리파리가 잘 생깁니다. 과습하게 되면 잎끝이 타서 까맣게 변해버리기도 합니다.

비료 주기

분갈이 시 퇴비를 약간 섞어주고 나면 웃거름은 특별히 주지 않아도 됩니다. 가지치기 후에 영양액비를 줍니다. 애플민트 맨 아랫잎들이 노랗게 변하면 영양이 부족하다는 신호일 수 있습니다.

가지치기와 수확하기

애플민트는 성장이 빠르기 때문에 금방 가지가 풍성해집니다. 풍성해진 가지는 수시로 가지치기를 하여 수확합니다. 가지치기를 게을리하면 잎사귀마다 광합성을 골고루 할 수 없으며 통풍이 원활하게 이루어지지 않아 금방 해충이 생길 수 있습니다.

▬ 계절별 관리

한여름 장마가 오기 전에 가지치기를 반드시 하고 물은 되도록 주지 않습니다. 건조한 가을에는 물이 부족하지 않게 하며, 웃거름(비료)도 충분히 줍니다. 내한성이 좋아서 겨울에는 딱히 온도관리가 필요하지는 않습니다. 물은 가끔 한낮에만 주도록 하며, 해가 따스한 날에는 창문을 활짝 열어 환기를 시켜줍니다.

▬ 병충해 관리

통풍이 원활하게 되지 않으면 응애, 총채벌레, 진딧물 등이 생길 수 있습니다. 평소 환기에 주의를 신경 쓰며 예방책으로 목초액을 물에 희석하여 뿌려줍니다. 시든 잎, 병에 걸린 잎, 벌레가 생긴 잎은 바로 제거합니다.

- 파종 시기 : 1년 내내
- 재배 온도 : 20~25도
- 발아 온도 : 22~24도
- 발아 일수 : 10~14일
- 발아 특성 : 광발아
- 개화 시기 : 7~11월
- 수확 시기 : 8월 이후부터 수시로
- 토양 : 배수가 잘되는 흙
- 물주기 : 습하지 않게
- 원산지 : 열대 아메리카

GARDENING 7

천 일 동안 감성을 간직할 수 있는 꽃

천일홍

베란다 정원에서 키울 수 있는 꽃의 종류는 생각보다 꽤 많습니다.
그중에서도 천일홍은 이름에 걸맞게 한번 꽃이 피면 오래가고, 건조에도 강하고 더위에 강한 품종입니다.
키우는 방법도 어렵지 않아서 오래도록 베란다 정원을 풍성하게 가꾸고 싶은 가드너에게 적극 추천합니다.
꽃을 수확하여 말려도 색이 잘 변하지 않으며,
말린 꽃은 캔들 장식이나 엽서 꾸미기 등 다양하게 활용할 수 있습니다.

─ 발아하기

천일홍 씨앗은 솜털로 덮여 있어서 그냥 파종하면 발아가 잘 안 됩니다. 거친 모래와 섞어 비벼서 솜털을 제거한 후 물에 1~3일 정도 담가뒀다가 뿌리가 나오면 그때 흙에 파종합니다.

─ 파종하기

싹이 나려면 빛이 필요한 종자이므로 파종 후 화분은 바로 해가 잘 들고 바람이 잘 통하는 곳에 둡니다. 떡잎이 나오기 전까지는 흙을 촉촉하게 유지해줍니다.

⌐ 옮겨 심기

본잎이 3~4장 나오면 큰 화분에 옮겨 심어줍니다. 흙은 피트모스, 펄라이트, 미립질석, 퇴비를 2:1:1:1로 섞어 물 빠짐이 잘되게 합니다. 옮겨 심는 것이 어렵다면 처음부터 큰 화분에 파종하는 것이 좋습니다.

⌐ 물주기

어린 묘일 때는 흙이 바짝 마르기 전에 물을 주어야 시들어 죽지 않습니다. 본잎이 여러 장 나오고 한 뼘 이상 자라면 물주는 것을 점차 줄여서 묘를 튼튼하게 키웁니다. 약간 건조하게 키우는 것이 좋습니다.

⌐ 비료 주기

질소의 과다는 개화를 나쁘게 하므로 웃거름을 따로 주지 않습니다. 파종 시 퇴비를 약간 섞어주는 것만으로 충분합니다. 햇빛을 많이 받고, 온도가 적당하면 꽃이 잘 핍니다. 아랫잎이 누렇게 변하거나 포기 전체에 힘이 없다면 액체 비료를 줍니다.

⌐ 개화

파종 후 2~3달이 지나면 꽃봉오리가 올라오기 시작합니다. 새로운 가지가 생기면서 그 속에도 꽃이 계속 핍니다. 시간이 지나면 꽃의 크기가 점점 커지지만 꽃 색은 오래도록 변하지 않습니다.

➤ 병충해 관리

물을 너무 많이 주어 흙의 수분량이 많아지면 잘 생기는 병이 반엽병입니다. 잎에 적색 반점이 생기기 시작하는데, 과습한 상태로 그냥 두게 되면 천일홍이 말라죽게 됩니다. 바람이 잘 통하지 않으면 진딧물이 생기기도 합니다. 평소 환기에 유의하며, 진딧물이 생기면 제충국 등을 3일 간격으로 뿌려줍니다.

➤ 수확하기

꽃이 피면 수시로 쓸만큼 수확하면 됩니다. 줄기째 가위로 잘라 수확할 수도 있으며 꽃만 따서 사용하는 방법도 있습니다.

- 파종 시기 : 4〜5월, 9〜10월
- 재배 온도 : 15〜22도
- 최저 온도 : 5도
- 발아 온도 : 20〜25도
- 발아 일수 : 7〜14일
- 발아 특성 : 광발아, 암발아 모두 가능
- 개화 시기 : 3〜7월, 9〜10월
- 토양 : 비옥하고 보수력이 좋은 흙
- 물주기 : 너무 습하지 않게
- 원산지 : 지중해 연안

GARDENING 8

보랏빛 별을 따다 줄까

보리지

별 모양의 꽃이 사랑스러운 허브, 보리지는 미네랄, 칼륨 칼슘의 함량이 매우 높습니다.
아드레날린을 분비하는 몸속 기관 중인 하나인 아드레날린 분비샘을 자극하는 것으로 알려져
서양에서는 우울증 치료를 위한 약초로 많이 애용되고 있습니다.
내한성이 약해 겨울에 바깥에서 키우기는 힘들지만 따뜻한 실내에서는 키울 수 있습니다.
단, 겨울철에는 물을 되도록 자주 주지 않으며, 낮에는 창문을 열어 통풍이 잘되게 해줍니다.

⇁ 씨앗 심기

씨앗을 흙에 심어줍니다. 싹이 나기 전까지 밤 온도가 너무 떨어지지 않게 신경 써주세요. 흙이 촉촉한 상태로 있어야 싹이 나므로 물주는 시기를 놓치지 말아야 합니다.

⇁ 옮겨 심기

본잎이 3~4장 이상 나오면 큰 화분에 옮겨 심어줍니다. 보리지는 키가 1m 정도 크기 때문에 지름이 18cm 이상 되는 화분에 옮겨 심어주는 것이 좋으며, 흙은 물 빠짐이 좋게 마사토와 펄라이트를 많이 섞어줍니다.

여름철 관리

봄에 파종했을 경우, 보리지는 여름철 고온 다습에 약하기 때문에 직사광선을 피해 반그늘로 화분을 옮기고, 통풍이 잘되도록 신경 써줍니다.

물주기

겉흙이 다 마르면 물을 듬뿍 주세요. 물이 부족하면 금방 잎이 축 처집니다. 습기에 약하므로 장마철에는 되도록 물을 주지 않거나 평소보다 적게 줍니다. 물을 너무 많이 주어 과습하게 되면 뿌리가 썩어버립니다.

비료 주기

비료는 많이 필요하지 않으므로 꽃망울이 생겼을 때, 액비를 물에 500배 비율로 희석하여 주거나, 유기질 비료를 소량 흙 위에 뿌려줍니다.

꽃망울이 생긴 모습

지주대 세우기

보리지는 키가 많이 크는 허브입니다. 줄기가 굵어져 무거워지면 휘청거릴 수 있으므로 줄기 사방으로 지주대를 세워 고정해줍니다.

╴ 개화

보리지 꽃은 한꺼번에 전부 피지 않고 차례차례 피어납니다. 꽃은 기본적으로 파란색이지만 몇몇은 분홍색에서 보라색, 파란색 순으로 점차 변해갑니다.

╴ 수확물 이용하기

독특한 오이향이 나는 잎은 어릴 때 수시로 따서 샐러드에 이용하거나 음료에 이용합니다. 꽃은 식용이며 요리장식으로 많이 됩니다.

보리지 꽃을 수확하여 압화(꽃과 잎을 눌러서 말린 것)를 만들기도 합니다.

- 파종 시기 : 3~6월, 9~11월
- 재배 온도 : 15~25도
- 최저 온도 : 10도
- 발아 온도 : 25도
- 발아 일수 : 5~14일
- 발아 특성 : 광발아
- 개화 시기 : 1년 내내
- 토양 : 배수가 잘되는 흙
- 물주기 : 건조하게
- 원산지 : 남아프리카

GARDENING 9

아름다운 꽃 정원을 만들고 싶다면 꼭 키워야 할

제라늄

30도가 넘어가는 한여름 고온을 제외하고 베란다 정원에서 1년 내내 꽃을 피우는 제라늄입니다. 가드닝하는 분들에게 제일 인기가 좋다고 해도 과언이 아닙니다.
제라늄이 인기가 좋은 이유는 키우기가 어렵지 않으며 종류가 많아서 키우는 재미도 있습니다.
또 1년 내내 꽃을 즐길 수 있다는 큰 매력이 있습니다. 튼튼한 줄기를 잘라서 꺾꽂이(삽목)하면 뿌리내리는 성공률이 높아 손쉽게 화분을 여러 개로 늘릴 수 있습니다. 꺾꽂이(삽목)에 성공하여 화분이 많아지면 베란다 가득 제라늄 꽃이 핀 정원으로 바뀌는 마법을 경험할 수 있습니다.

⌐ 씨앗 심기

씨앗을 하루정도 물에 불렸다가 물빠짐이 좋은 흙에 파종합니다. 호암성 종자이므로 빛을 가리기 위해 신문지를 덮어줍니다.

TIP. 호암성 종자란 어두운 곳에서 발아가 잘 되는 종자를 말합니다.

⌐ 싹 틔우기

제라늄 씨앗은 싹이 잘 나는 편입니다. 온도가 적당하면 금방 발아합니다. 싹이 난 후에는 빛이 잘 드는 곳에 화분을 놓아줍니다.

↳ 분갈이하기

잎의 개수가 많아지고 키가 어느 정도 커지면 큰 화분에 옮겨줍니다. 분갈이 후에는 2~3일 그늘에 둡니다. 제라늄은 물 빠짐이 잘되어야 하기 때문에 흙 배합이 정말 중요합니다. 피트모스, 부엽토, 마사토, 숯, 펄라이트를 골고루 섞어서 사용합니다.

↳ 물주기

제라늄은 건조함을 이기는 힘은 강하나 과습을 싫어합니다. 매일 물을 주는 것은 금물! 흙 안쪽을 만져보아 다 말라 있으면 그때마다 한 번씩 흠뻑 물을 줍니다. 건조한 날에는 물주는 횟수를 자주, 장마철에는 되도록 물을 주지 않습니다. 흙이 다 마른 상태(오른쪽 사진) 흙이 다 말라 포슬해지고 색은 갈색이 되었습니다.

↳ 거름주기

분갈이 시 밑거름으로 퇴비를 적당히 섞어 줍니다. 제라늄은 1년 내내 꽃을 피우기 때문에 웃거름을 주기적으로 주는 것이 좋으며 꽃대가 올라온 후, 꽃이 지고 나서는 반드시 거름을 줍니다.
영양분이 모자라게 되면 꽃 색이 옅어지고 잎 색깔이 누렇게 뜹니다. 비료는 인산이 많은 알갱이비료나 액체비료를 사용합니다. 질소성분이 많은 비료를 자주 주면 꽃이 잘 피지 않게 됩니다. 생육이 왕성한 봄과 가을에 1달에 1번씩 웃거름을 주도록 합니다.

╾ 여름철 관리

28도가 넘어가는 고온이 지속되면 병에 걸릴 수 있습니다. 잎이 무성해져 있으면 병충해 예방을 위해 가지치기를 합니다. 직사광선을 피하고 바람이 잘 통하고 서늘한 곳에 화분을 두고 키웁니다. 꽃이 피긴 하지만 크기가 매우 작고 색이 옅어집니다.

╾ 겨울철 관리

10도 이하로 떨어지지 않게 관리해주며, 미니 온실하우스를 만들어 그 안에 화분을 넣어 줍니다. 날씨가 따뜻해지는 한낮에는 창문을 열어 자주 환기를 시켜주어야 병충해가 생기지 않습니다. 겨울철에는 뿌리가 물을 빨아들이는 힘이 약해지기 때문에 평소보다 물을 덜 줍니다. 물을 줄 경우에는 기온이 올라가는 정오에 주는 것이 좋습니다.

╾ 개화

꽃대가 올라오고 꽃이 한두 개씩 피기 시작하면 수가 점점 많아지면서 꽃볼을 만듭니다. 한번 핀 꽃은 꽤 오래가는 편이며, 환경이 좋으면 계속 새로운 꽃대가 올라옵니다.

➤ 개화 후 관리

시든 꽃과 잎은 바로 떼어주는 것이 좋습니다. 그렇지 않으면 다른 꽃이나 잎도 시들 수 있습니다. 꽃이 모두 진 줄기는 가위로 잘라냅니다.

➤ 인공수정하기

부드러운 붓이나 면봉으로 암술 부분을 문질러 꽃가루를 묻힌 뒤, 여기저기 다른 꽃의 수술 부분에 문질러줍니다. 이 작업을 3일 동안 반복해 주며, 인공수정에 실패한 경험이 있다면 용기에 받쳐 꽃가루를 받은 다음 붓에 묻혀 다른 꽃에 문질러 줍니다.

TIP. 품종이 다른 제라늄에 수정을 하면 새로운 품종을 만들어 낼 수도 있습니다.

➤ 씨앗 받기

수정이 성공하면 뾰족한 씨방이 생기고 시간이 지나면서 서서히 익어갑니다. 씨앗이 완전히 영글면 씨방이 벌어지면서 털이 달린 씨앗이 나옵니다. 제라늄 씨앗은 채종 후 잘 말려서 밀폐 봉지에 넣어 냉장 보관합니다.

꺾꽂이(삽목)하는 방법

1. 줄기 자르기
새순이 있는 튼튼한 가지를 한 마디 정도 가위로 잘라 줍니다.
주의! 새로 나온 잎을 떼서 하는 경우 꺾꽂이 실패 확률이 높습니다. 반드시 튼튼한 가지를 잘라줍니다.

2. 잎 정리
아랫잎들은 전부 정리하고 맨 위에 잎 2~4장만 남겨줍니다.

3. 흙에 꽂기
새 흙(허브용 배합)을 화분에 담고 물을 부어 흠뻑 적셔줍니다. 자른 가지를 흙에 꽂아주고 1~2일 정도 그늘에 두었다가 그 이후에 해가 잘 들고 바람이 잘 통하는 곳으로 옮겨줍니다.

4. 관리하기
물은 흙속까지 다 마르면 그때마다 한 번씩 흠뻑 줍니다. 가지에서 새로운 잎들이 돋아나고 뿌리를 내립니다. 튼튼한 가지에서는 금방 꽃대가 올라옵니다.

5. 가지치기 후
여러 개 가지를 꺾꽂이하기 위해 가지치기를 과감하게 한 모습. 예쁜 형태를 잡기 위해서도 가지치기를 합니다.

6. 55일 후
앙상했던 가지에서 새로 잎이 돋아났습니다.

- 🌱 **재배 온도** : 15~25도
- 🌡 **최저 온도** : 5도
- ❀ **개화 시기** : 1년 내내(한여름 제외)
- ☁ **토양** : 배수가 잘되는 사질토양
- 💧 **물주기** : 잎이 얇아지면 줍니다.

GARDENING 10

1년 내내 꽃이 잘 피고 오래가는
칼랑코에

이산화탄소를 흡수하고 산소를 내뿜는 등 공기정화 능력이 탁월한 칼랑코에!
겹겹이 피는 겹칼랑코에와 한 겹으로 피는 칼랑코에 그리고 노랑, 분홍, 빨강, 주황 등 색깔도 다양해서
더 매력적입니다. 겨울에도 꽃이 잘 피며, 한번 꽃이 피면 오래가기 때문에
1년 내내 베란다 정원을 빛내주는 식물입니다.

▬ 칼랑코에 물주기

건조에 강하고 과습에 약합니다. 다육식물이기 때문에 물은 자주 주지 않습니다.
겉흙을 만져보아 흙이 말라 있다면 그때 물을 주면 됩니다. 하지만 흙이 말라 있는데도 잎이 탱탱하다면 굳이 주지 않아도 됩니다. 약간 잎이 말랑말랑하고 주름이 잡힐 때 물을 주는 것이 가장 좋습니다.

- 왼쪽 : 수분이 충분하여 잎이 두꺼운 상태
- 오른쪽 : 수분이 부족해 잎이 얇아진 상태

▬ 비료 주기

봄과 가을 생육기에 2번 비료를 줍니다. 간편하게 식물 영양제를 꽂아주거나 액체비료를 물에 타서 줍니다. 한여름과 겨울에는 되도록 비료를 주지 않습니다.

칼랑코에 꽃피우기(단일처리)

칼랑코에는 낮의 길이가 12.5시간 이하가 되면 꽃눈이 생기기 시작합니다. 오후 3~4시가 되면 검은 비닐을 씌웠다가 아침에 해가 뜨면 벗겨냅니다. 이것을 1개월간 계속해주면 꽃이 잘 피게 됩니다.

잎꽂이하기

잎이 4~6장 달린 튼튼한 잎이나 가지를 잘라서 맨 아랫 잎은 떼고 흙에 꽂아주면 됩니다. 흙은 깨끗한 모래나 질석을 사용합니다.

여름철 관리

한여름 직사광선은 다육식물에 좋지 않습니다. 잎이 타거나 병에 걸릴 수 있으니 통풍이 잘되는 반그늘로 화분을 이동시켜줍니다.

겨울철 관리

미니 온실하우스를 만들어 화분을 그 안에 넣어주면 찬 기운을 어느 정도 막을 수 있습니다. 5도까지 견딜 수 있기 때문에 베란다에 두어도 되지만 약간 더 따뜻한 실내에 두어도 괜찮습니다. 하지만 햇볕이 따뜻한 날에는 반드시 창문을 열어 환기를 시켜줍니다.

시든 꽃 정리

꽃이 시들면 바로바로 따주어 통풍이 잘되게 해줍니다. 그렇지 않으면 진딧물이나 솜깍지 등이 생길 수 있습니다.

미니 칼랑코에 퀸로즈 모둠 심기

1. 작은 사이즈의 퀸로즈 모종
2. 시멘트 화분에 깔망을 깔고 마사토를 넣어 배수층을 만들어줍니다.
3. 모종 포트에서 퀸로즈를 뽑아 시멘트 화분에 넣어줍니다.
4. 화분 안에 흙을 반쪽만 채워주고 퀸로즈 모종 1개를 더 심어줍니다.
5. 나머지 한쪽도 흙을 채워주면 모둠 심기 완료
6. 시멘트 화분에 네임픽을 꽂고 리본을 둘러 장식을 해줍니다.

- 🌱 파종 시기 : 9월~1월
- 🌡 재배 온도 : 10~20도
- 최저 온도 : 0도
- 발아 온도 : 15~20도
- 🌱 발아 일수 : 14~20일
- 발아 특성 : 광발아
- 🌸 개화 시기 : 12월~4월
- ⛰ 토양 : 물 빠짐이 좋은 흙
- 💧 물주기 : 너무 건조하지 않게
- 📍 원산지 : 유럽 북부

GARDENING 11

겨울에 태어나는 아이

비올라 꽃

비올라는 팬지의 미니 품종입니다. 기르는 방법은 팬지와 같으며
한 포기에서 더 많이 꽃이 피며 더 튼튼합니다. 개화 기간이 길고 추운 겨울에도 무리 없이 자라며,
키우는 방법이 어렵지 않아 초보 가드너에게 추천하는 꽃입니다. 게다가 크기가 작게 자라기 때문에
화분 크기에 구애받지 않아 예쁜 화분에 키울 수 있으며 꽃이 작고 매우 귀엽습니다.
색이 다양해서 여러 가지 색으로 같이 큰 화분에 모둠으로 심어 키우면
더욱 화려한 베란다 정원을 만들 수 있습니다. 꽃이 시들기 전에 수확하여
압화를 만들거나, 컵케이크 장식에도 많이 이용합니다.

씨앗 심기

더위에 약한 품종으로 가을과 겨울 사이에 파종합니다.
25도~30도에는 발아가 잘되지 않으니 주의! 싹이 나기 전까지는 습도가 높은 편이 좋으며 저면관수법으로 물을 줍니다.

파종 후 1달이 지난 모습

분갈이하기

키가 20cm 정노로 작게 자라기 때문에 작은 회분에 게속 키울 수 있습니다. 하지만 큰 화분에 옮겨 심으면 꽃이 더 풍성하게 필 수 있으므로 키울 장소의 여유가 있다면 분갈이하는 것을 추천합니다.

물주기

흙이 다 마르면 물을 한 번씩 흠뻑 줍니다.

비료 주기

햇빛이 잘 든다면 거름을 자주 주지 않아도 됩니다. 햇빛이 보약입니다. 비료는 1달에 한 번 정도 액체비료를 줍니다.

개화

파종 후 3~4개월 만에 꽃봉오리가 생기며 겨울에도 해가 잘 든다면 꽃이 잘 핍니다. 한번 꽃이 피면 1주일 이상 가는 편이고, 계속해서 새로운 꽃이 피어납니다.

수확하기

꽃은 식용이 가능하며, 줄기를 꺾어 수확합니다.

➥ 병충해 관리

포기가 커지면서 잎과 잎 사이의 간격이 좁아지면 바람이 잘 통하지 않아 응애가 생기기 쉽습니다. 평소 환기가 잘 되게 관리하며 잎이 무성해지기 전에 곁가지를 군데군데 따줍니다. 누렇게 뜨고 아주 작은 흰색 점이 잎에 생기면 바로 따서 버리고 제충국 등 해충약을 스프레이로 뿌려줍니다.

➥ 겨울철 관리

저온에 강하기 때문에 0도까지도 무리가 없습니다. 베란다 텃밭에서는 별다른 겨울철 관리가 필요하지 않습니다. 양지를 좋아하기 때문에 햇빛의 부족함이 없게 해주고 환기가 잘되게 신경을 써줍니다.

Part 04

가드닝 초보자에게
강력 추천 식물 Best 4

백도선
스투키
틸란드시아 이오난사
마리모

- 🌡 **재배 온도** : 15~35도
- ☁ **토양** : 배수가 잘되는 모래 흙
- 💧 **물주기** : 잎 두께가 얇아지면 한 번씩

GARDENING 1

토끼귀 선인장

백도선

토끼처럼 귀가 길게 뽕 나와있는 선인장, 백도선입니다.
일명 토끼귀(bunny ears cactus)라고 불립니다. 작은 화분에 심어 미니어처 등을 올려 장식하여
방이나 사무실 창가 등 해가 잘 들어오는 곳에 두면 작지만 근사한 나만의 정원을 만들 수 있습니다.
백도선이 점점 커져 화분이 작아지면 큰 화분에 옮겨 심어주거나, 새로 나온 자구를 따서
또 다른 화분을 만들 수 있습니다. 번식시키는 재미를 느낄 수 있으며,
늘어난 선인장을 다시 예쁜 화분에 꾸며 물 관리에만 조금 신경쓴다면 어렵지 않게 키울 수 있습니다.

➥ 백도선 화분 심기

1

백도선의 뿌리가 길면 가위로 약간 잘라줍니다.

2

모래나 다육식물 전용 흙을 화분에 1/2 정도 채워줍니다.

TIP. 미니 화분에 흙을 옮겨 담을 때는 베스킨라빈스 아이스크림 수저나 푸딩숟가락을 사용하면 좋습니다.

3

가운데 흙을 파서 선인장을 잘 심어주고 나머지 윗부분에 흙을 더 채워 넣습니다.

4

흙 위에 미니어처 등을 올려 화분을 장식해줍니다.

5

바람이 잘 통하고 햇빛이 잘 드는 곳에 화분을 두고 키워줍니다.

6

햇빛을 많이 받으면 새로운 작은 선인장이 계속 생겨납니다. 새로 나온 선인장이 어느 정도 자라면 손으로 따서 잎꽂이할 수 있습니다.

잎꽂이

1

백도선 선인장을 계속 토끼 모양으로 키우고 싶다면 새로 나온 선인장을 따서 다른 화분에 꽂아주면 됩니다.

2

손으로 새로 나온 선인장을 잡고 살살 돌려서 비틀어 따줍니다.

3

다육식물 전용 흙에 꽂아주고 선인장이 너무 마르지 않도록 물을 약간씩 주면서 키웁니다. 3~4주가 지나면 뿌리도 생기고 또 새로운 선인장이 생겨납니다.

↳ 물주기

보통 다육식물이나 선인장에 물이 필요할 때는 잎이 좀 늘어지거나 두께가 얇아집니다. 주는 물의 양은 화분에 따라 식물의 크기에 따라 달라지며, 미니화분의 경우 작은 약병으로 물을 주면 흙이 패지 않고 좋습니다. 아직 어린 모종의 경우에는 겨울에도 가끔 물을 주는 것이 좋습니다(따뜻한 오후에, 미지근한 물로).

↳ 겨울철 관리

겨울에는 10~18도 정도의 온도를 유지해줍니다. 베란다가 추우면 해가 드는 거실이나 방 창가로 옮겨주고 날씨가 좋은 날 창문을 열어 한 번씩 환기를 시켜줍니다.

- 재배 온도 : 18~27도
- 최저 온도 : 10도
- 토양 : 물 빠짐이 좋고 보수력이 좋은 흙
- 물주기 : 아주 가끔
- 원산지 : 열대 아프리카 동부지역

GARDENING 2

우리집 공기는 내가 맡는다. 공기정화 능력이 탁월한

스투키

초보 가드너에게 강력히 추천하며 누구나 손쉽게 키울 수 있는 식물입니다.
사무실이나 거실, 개인룸 등 어느 곳이나 자유롭게 둘 수 있으며 냄새 제거, 전자판 차단과 함께
공기정화 능력이 탁월한 아주 착한 식물입니다. 스투키를 시멘트 화분에 심어 자갈과 피규어를 장식해
화분을 꾸미는 것이 요즘 트렌드이기도 합니다.
밤에 음이온 발생량이 많기 때문에 침실에 두어도 좋습니다.

▬ 스투키 심기

1

스투키 좋은 모종 고르기
줄기가 통통하고 상처가 없으며 잎끝이 마르지 않고 무르지 않은 것이 좋습니다. 뒤집어 보아 뿌리가 화분 구멍 밑으로 튼튼하게 내려와 있는지 확인합니다.

2

모종 포트에서 뽑아 그대로 큰 화분에 심어주어도 좋으며 분리하여 원하는 형태로 심을 수 있습니다.

3

화분에 일자로 옮겨 심기 위해 스투키 줄기를 흙에서 분리해줍니다.

4

흙은 코코피트가 많이 함유된 가벼운 상토를 사용합니다. 화분에 1/2 정도 흙을 채워줍니다.

5 스투키를 일자로 차례대로 심어줍니다.

6 화분 맨 위에서 3cm 정도 아래 물을 줄 수 있는 여유 공간을 두고 흙을 채워줍니다.

7 미니어처로 화분을 장식합니다.

8 해가 잘 들고 통풍이 잘되는 곳 등 환경이 좋으면 계속 키가 크며, 안쪽에서 새로운 싹들이 생겨납니다.

9 새로 생긴 줄기는 뽑아서 다른 화분에 옮겨 심어줍니다.

물주기

건조에 강한 식물이므로 물을 주는 것을 깜빡해도 잘 죽지는 않습니다. 성장 시기인 5월~9월에 화분 속에 있는 흙까지 완전하게 마르면 그때마다 한 번씩 물을 줍니다. 보통 한 달에 한 번 정도 주게 됩니다. 물을 너무 자주 주면 뿌리가 썩어 줄기가 물러지며, 물을 너무 안주면 줄기가 홀쭉하게 말라버립니다. 겨울철에는 되도록 물을 주지 않습니다. 하지만 겨울이라고 해도 20도 이상 되는 따뜻하고 건조한 환경이라면 물을 가끔 주어야 합니다.

관리하기

반그늘이나 실내에 두어도 잘 죽지 않지만, 기본적으로 해가 잘 들고 바람이 잘 통하는 곳에서 키우면 튼튼하게 잘 자랍니다. 봄부터 가을까지는 창가 쪽에 놓으면 좋습니다. 분갈이 후에는 일주일 정도 그늘진 곳에 두고, 햇빛이 좋은 곳으로 차츰차츰 옮겨줍니다. 생육이 왕성한 늦봄에는 한 달에 한 번 정도 액체비료를 주면 좋습니다. 추운 겨울에는 분갈이하거나 비료를 주지 않으며 온도가 10도 이하로 내려가지 않게 관리해줍니다.

병충해 관리

너무 온도가 내려가 추우면 줄기가 얼게 됩니다. 물이 부족하면 잎끝 쪽부터 마르며 물을 너무 많이 주거나 바람이 잘 통하지 않게 되면 줄기 색이 누렇게 뜨면서 무름병이 생깁니다. 병충해가 심하게 생긴 줄기는 되도록 뽑아내 주는 것이 좋습니다.

- 🌡 재배 온도 : 20~32도
- 최저 온도 : 10도
- 💧 물주기 : 공중습도가 높게
- 📍 재배 장소 : 통풍이 잘되는 밝은 그늘
- 원산지 : 멕시코 등 아열대 지역

GARDENING 3

흙 없이도 자라는 공중식물
틸란드시아 이오난사

틸란드시아 이오난사는 파인애플목 파인애플과의 기생식물입니다.
자라는데 흙이 필요하지 않으며 나무 같은데 착색해 공중에 매달려 살아가기 때문에
공중식물(air plant)이라고 부릅니다. 공기 중의 미세한 먼지를 먹고 살기 때문에 실내에 두고 키우면
좋은 공기정화 식물이기도 합니다. 집 안 구석구석 그린 인테리어의 로망을 실현할 수 있는 틸란드시아는
관리하기도 수월하고 재배장소를 딱히 가리지 않아서 인테리어 장식으로 최고 매력을 발휘합니다.
낚시줄에 매달아 공중에서 키우기도 하며, 와이어로 홀더를 만들어 그 안에 고정해 키우기도 합니다.
예쁜 글라스에 모래나 조개 등을 같이 넣어 꾸미는 재미도 쏠쏠합니다.

━ 틸란드시아 꾸미기

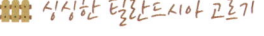

싱싱한 틸란드시아 고르기

전체적으로 잎 색상이 안쪽으로는 초록빛을 띠고 바깥쪽은 은빛이 됩니다. 잎이 빳빳하며 포기가 풍성한 것이 좋습니다.

재료
틸란드시아 이오난사 싱글, 사각 유리병, 흰색 다용도 펜, 레몬색 자갈

1
유리병 안에 레몬색 자갈을 가득 넣어줍니다.

2
다용도 펜으로 격자무늬를 그리고 점을 찍어 파인애플 열매 형태를 만들어줍니다.

3

유리병 입구에 틸란드시아를 걸쳐놓습니다.

4

상큼발랄한 파인애플 틸란드시아 화분이 완성되었습니다.

5

가끔 스프레이로 틸란드시아 주변에 물을 뿌려줍니다.

예쁜 글라스 테라리움에 넣어 장식도 가능합니다.

틸란드시아 잘 키우는 방법

아무리 아무 데서나 잘 자라고 생명력이 강하다고 해도 역시 식물이 잘 자라려면 적절한 환경이 필요한 법입니다.

- **빛** : 틸란드시아는 직사광선이 오히려 해롭습니다. 밝은 빛이 드는 실내가 적합합니다. 한두 시간 정도 부분적인 햇볕을 쬐는 것이 좋습니다. 외부에서 키울 때는 나무 아래, 테라스 등 그늘이 지는 곳에서 잘 자랍니다.
- **흙** : 흙에 심지 않습니다. 흙에 심으면 오히려 뿌리 밑동부터 썩어 버립니다.
- **병충해** : 별다른 병충해는 발견되지 않습니다. 과습에만 유의하면 됩니다.

틸란드시아 물주는 방법

너무 자주 물을 줄 필요가 없으며 습도가 높은 장마철에는 물을 주지 않습니다. 스프레이로 뿌릴 때는 안쪽 줄기까지 완전히 푹 젖도록 해주면 됩니다.

건조한 시기에는 1~2주에 한 번씩, 습한 시기와 겨울에는 한 달에 한 번 정도로 물을 뿌립니다. 스프레이로 물 뿌리는 것을 잊었다면 3~4시간 정도 물속에 완전히 담가뒀다가 빼주면 됩니다.

겨울철에는 너무 차갑지 않은 15도 정도의 미지근한 물을 줍니다. 물주는 시기를 놓치면 잎이 마르고 은빛도 줄어들어 어두운 색으로 변하게 됩니다.

물을 너무 주지 않아서 틸란드시아가 바싹 마른 모습

번식

틸란드시아 이오난사는 자라면서 속 안에서 새로운 잎들이 나오며 이 잎들이 모여 작은 틸란이 됩니다. 이것이 점점 커지면 한 개였던 포기가 여러 개로 늘어납니다. 새로 생긴 작은 잎들은 그대로 두어도 되고 떼어내어 따로 키울 수도 있습니다.

개화

원산지와 비슷하게 환경이 최적화되면 초록색이던 틸란드시아가 점점 분홍빛으로 바뀌다가 안쪽이 핫핑크색으로 완전히 바뀌고 보라색 꽃이 피게 됩니다.

- 재배 온도 : 9~24도
- 빛 : 반양지, 실내광
- 원산지 : 일본 홋카이도의 아칸호수, 유럽 북부

GARDENING 4

나만의 쁘띠 어항, 애완식물

마리모

나만의 작은 수족관을 꾸며 키우는 애완식물로 급부상한 마리모.
마리모는 공 모양의 집합체를 만드는 담수성 녹조류 일종으로 일본의 천연기념물로 지정된 식물입니다.
시중에서 판매되는 마리모는 양식으로 키운 것이며 아칸호수에서 자라는 마리모를 채취하는 것은 불법입니다.
기본적으로 먹이를 줄 필요가 없고 실내광만으로도 충분히 자라며, 키우는 방법이 어렵지 않아
누구나 키울 수 있으며 어린이도 즐길 수 있습니다.
모래, 조개, 미니어처 등과 같이 글라스에 넣어 예쁘게 꾸밀 수 있어
키우는 재미를 더욱 느낄 수 있습니다.

▸ 마리모 미니 어항 꾸미기

재료
모래, 조개, 물고기 미니어처, 흑산호, 유리병, 흰 돌, 마리모

1
유리병에 모래를 소량 부어줍니다.

2
모래 위에 흰 돌, 조개, 흑산호를 차례로 놓아줍니다.

3

깨끗한 수돗물을 천천히 부어줍니다.

4

마리모를 물에 퐁당 넣어줍니다.

5

물고기 미니어처를 넣어줍니다. 핀셋으로 이용하면 작업이 훨씬 수월합니다.

6

먼지나 해충이 들어가지 않게 뚜껑을 덮어줍니다.

7

마리모 미니 어항 완성!

188 × 가드닝 초보자에게 강력 추천 식물 Best 4

마리모 관리하는 법

- **물 관리** : pH7 전후의 연수가 적합하며 수돗물도 괜찮습니다. 깨끗하고 차가운 물을 좋아하기 때문에 1주에 1회 기준으로 물을 갈아줍니다.

- **손질** : 물을 교환하면서 마리모도 세척합니다. 어항에서 꺼내 살짝 물을 짜주고 손바닥으로 데굴데굴 굴리면서 부드럽게 흐르는 물에 씻어줍니다.

- **햇빛** : 너무 강한 빛은 마리모를 약하게 만들며, 수온도 높아집니다. 원래 호수 밑바닥에서 사는 식물이기 때문에 빛이 많이 필요하지 않으며, 실내광으로 충분합니다.

- **온도** : 마리모는 어느 정도 차가운 물 속에서 사는 식물입니다. 가능한 서늘한 곳에서 키워줍니다. 한여름에는 냉장고에 넣어두는 편이 좋습니다.

마리모가 기분이 좋아 물에 둥둥 뜬다?

마리모는 기본적으로 계속 물에 가라앉은 상태입니다. 하지만 햇빛을 충분히 받으면 몸에 산소가 내부로 들어와 거품이 생기면서 가벼워져서 수면으로 떠오르게 됩니다. 수면으로 떠올랐던 마리모는 다시 가라앉게 됩니다.

Part 05

매일 즐기는 베란다 텃밭
푸드 라이프

마녀 수프 · 버몬드 카레 · 프리타타

바질페스토 · 바질페스토 파스타

루꼴라 피자 · 루꼴라 오니기라즈

드라이토마토 올리브 절임 · 방울토마토 키슈

치아바타 샌드위치 · 히야시 소바

파프리카 샐러드 · 파프리카 월남쌈

병아리콩 상추 샐러드 · 상추 마요 덮밥

블루베리 미니 케이크 · 무알콜 자몽 모히토

COOKING 1

당근 요리1 매일 건강하게 디톡스

마녀 수프

안토시아닌이 풍부한 보라색 채소로 만든 해독 수프입니다.
빛깔도 매력적이고 자두를 넣어 새콤달콤 맛이 추가되어 남녀노소 부담 없이 먹을 수 있습니다.
추가로 브로콜리 등 다른 채소나 좋아하는 과일을 넣어도 좋으며 매일 아침 끼니로 마녀 수프를 먹으면
혈압조절이나 다이어트에도 도움이 많이 됩니다.

INGREDIENT (2~3인분)

보라색 당근 … 3개

적양배추 … 1/8 개

보라색 방울토마토 … 10개

자두 … 3개(오렌지나 사과로 대체 가능)

HOW TO MAKE

1

채소 데치기
채소 재료는 끓는 물에 살짝 데쳐서 준비합니다.

2

블렌딩
과일과 데친 채소 재료를 블렌더에 넣고 갈아줍니다. 수프가 빽빽해 잘 갈리지 않으면 채소 데친 물을 조금씩 넣어줍니다.

3

토핑
그릇에 수프를 담고 견과류를 뿌려줍니다.

COOKING 2

채소 가득한

버몬드 카레

사과를 넣어 한층 더 달고, 베란다 텃밭에서 키운 비타민 듬뿍 담긴 당근을 넣어 만든 맛도 좋고 건강에 좋은 카레입니다.

INGREDIENT(2인분)

양파 … 1/2개　　　사과 … 1/4개
알감자 … 7~8개　　미니 당근 … 4개
렌틸콩 한 줌　　　물 … 약 350mL
고형 카레 1블럭

HOW TO MAKE

1

콩 삶기
렌틸콩을 물에 넣고 10분 정도 삶아줍니다.

2

채소 익히기
먹기 좋게 썬 채소를 버터에 볶다가 물을 넣고 10분 정도 더 끓여줍니다.

3

카레 끓이기
고형 카레를 넣고 10분 더 끓여줍니다.

이탈리안 오믈렛
프리타타

베란다 텃밭에 있는 채소를 이것저것 따와 정말 손쉽게 만들 수 있는 달걀 요리입니다.
한국의 계란찜과 비슷하며 채소가 들어가 비타민도 Up!
식감과 맛이 두 배로 업그레이드되었습니다.

INGREDIENT (2인분)

- 노랑 당근 … 3개
- 블랙 올리브 … 3개
- 스팸 … 1/4
- 생크림 … 90mL
- 소금, 후추, 파슬리 … 약간
- 브로콜리 … 1/3개
- 토마토 … 1/2개
- 달걀 … 3개
- 파마산 치즈가루 … 30g

HOW TO MAKE

1 달걀 충전물 준비
달걀을 잘 풀어 생크림과 섞어준 후 치즈가루를 넣고 소금, 후추, 파슬리로 간을 합니다.

2 재료 더하기
오븐 용기에 미리 썰어둔 채소와 달걀을 푼 물을 붓고 파마산 치즈가루(분량 외)를 살짝 뿌려줍니다.

3 굽기
미리 200도로 예열한 오븐에 20~25분 구워줍니다.

프리타타 더 맛있게 먹는 법!
채소는 양파와 시금치, 버섯 등 기호의 채소를 넣고 미리 볶아 주면 단맛이 더 나와 한층 더 맛있게 먹을 수 있습니다.

COOKING 4

독특한 향으로 자꾸만 손이 가는

바질페스토

빵에 발라 먹거나 파스타 소스로 활용 가능한 페스토입니다.
바질 향을 그대로 느낄 수 있으며 치즈와 호두가 들어가 고소한 맛이 납니다.
특히 베란다 텃밭에서 키운 바질은 잎이 야들하고 향긋해 페스토를 만들면 더욱 맛있습니다.

INGREDIENT (4oz 1병 분량)

- 생바질 잎 … 40g
- 마늘 … 2개
- 레몬 … 1/2개
- 올리브 오일 … 30mL
- 호두 … 5개
- 파마산 치즈가루 … 15g

HOW TO MAKE

1 바질 손질
바질을 수확 후 흐르는 물에 씻어 물기를 털고 블렌디에 넣어줍니다.

2 재료 넣기
레몬즙, 호두, 마늘, 파마산 치즈가루, 올리브 오일 순으로 넣어줍니다.

3 블렌딩
블렌더에 갈아주고 밀폐 용기에 담아 이틀 정도 숙성시켜줍니다.

COOKING 5

휘리릭, 15분 만에 완성되는 간단요리!

바질페스토 파스타

바질페스토만 있으면 쉽게 만들 수 있는 초간단 파스타 요리!
별달리 재료가 필요하지 않으며, 바질페스토만으로도 충분히 풍미가 깊고 담백한 맛이 납니다.

INGREDIENT (1인분)

파스타면 … 70g   마늘 … 3톨
올리브 오일 … 1T   바질페스토 … 2T
베이컨 … 3장   파슬리 잎 약간
블랙 올리브 약간

HOW TO MAKE

1

면 삶기
끓는 물에 파스타 면을 넣고 11분 삶아 체에 건져 물기를 빼주고 올리브 오일을 약간 뿌려줍니다.

2

볶기
약불로 달군 팬에 오일을 두르고 슬라이스한 마늘과 베이컨을 구워주고, 면과 바질페스토를 넣고 잘 버무리면서 살짝 볶아줍니다.

COOKING
6

 루꼴라 요리1

집에서도 브런치 카페처럼 근사하게

루꼴라 피자

브런치 카페 단골 인기 메뉴인 루꼴라 피자! 집에서 무농약으로 직접 키운 루꼴라가 더해지면 더 고소한 맛이 살아납니다. 매일 먹어도 질리지 않는 루꼴라의 매력에 풍덩 빠져보세요. 루꼴라는 피자 외에도 샐러드 혹은 쌈 채소로도 이용할 수 있습니다.

INGREDIENT (피자 1판 분량)

도우 강력분 …250g   소금 … 6g   올리브 오일 … 8g
       이스트 … 4g   물 … 130g

토핑 재료 루꼴라 잎 한 줌   블루치즈 약간
           모차렐라 치즈 … 100g   파마산 치즈 … 20g
           토마토소스 … 3T   초리조(반건조 소시지) … 6장
           발사믹 글레이즈 약간

HOW TO MAKE

1 도우 만들기
제빵기에 도우 재료를 넣고 15분 반죽 후 50분 발효시킵니다.

2 도우 펴기
밀대로 도우를 밀어 동그랗게 만든 후 포크로 구멍을 내줍니다.

3 토핑 올리기
도우 위에 토마토소스를 바르고 초리조를 올린 후 치즈를 뿌려줍니다.

4 굽기
미리 200도로 예열한 오븐에 10~15분 구워줍니다.

5 가니쉬 더하기
피자 위에 루꼴라 잎을 올리고 발사믹 글레이즈를 뿌려줍니다.

제빵기 없이 피자 도우 만들기!

반죽이 매끈해 질 때까지 손으로 치댄 후 따뜻한 곳 (28도 정도)에서 발효시켜줍니다. 반죽 그릇을 비닐로 싸서 팔팔 끓는 물이 담긴 냄비를 스트로폼 박스 안에 같이 넣어주면 발효가 잘됩니다. 원래 반죽의 부피에서 2배가 되면 발효가 완료된 것입니다.

COOKING 7

루꼴라 요리2

건강한 속재료가 풍부한

루꼴라 오니기라즈

요즘 일본 SNS에서 도시락 메뉴로 대인기인 오니기라즈!
이름 그대로 쥐지 않은 오니기리이기 때문에 '오니기라즈(おにぎらず)'입니다.
주먹밥인데 주먹을 쥐어 밥을 만들지 않기 때문입니다. 방법은 샌드위치를 만드는 법과 비슷합니다.
속 재료가 듬뿍 들어가서 한 개만 먹더라도 맛있게 배부르게 먹을 수 있는 것이 특징인 밥 샌드위치입니다.

INGREDIENT (1인분)

돈가스 1장
루꼴라 잎 한 줌
달걀 프라이 1장
적양배추 … 1/8개 채썬 것
아보카도 … 1/2개 슬라이스한 것
당근 … 1/2개 채썬 것
김밥 김 … 2장
흰 밥 1공기(밥 양념으로 소금, 깨, 참기름 약간)
키친 랩

HOW TO MAKE

1 랩 깔기
쟁반 위에 랩을 김보다 크게 깔고 그 위에 김을 올립니다.

2 속 올리기
밥을 김 위에 얇게 펴고 그 위에 돈가스, 아보카도, 적양배추, 당근, 루꼴라, 밥 순으로 차곡차곡 쌓아줍니다.

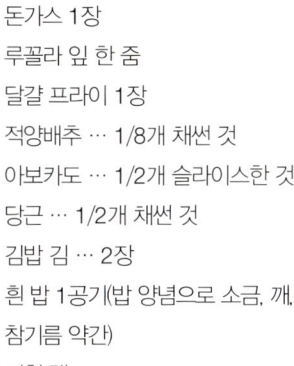

3 김 싸기
맨 위에 김을 1장 더 올리고 보자기 싸듯이 김을 접으면서 랩으로 꽁꽁 싸매줍니다.

TIP. 맨 아래층의 밥은 최대한 얇게 펴서 올려주세요. 그리고 속 재료를 꾹꾹 누르며 부피를 줄이면서 김으로 감싸주어야 모양이 잘 나옵니다.

4 먹는 법
칼로 반을 갈라서 랩을 벗긴 뒤 먹습니다.

COOKING 8

방울토마토 요리1

쫀득한 식감에 풍미가 넘치는

드라이토마토 올리브 절임

한여름이 되면 텃밭에서 보석처럼 주렁주렁 열리는 방울토마토.
그냥 먹어도 맛있지만 말리면 단맛이 더 나오고 쫄깃한 식감이 일품입니다.
말린 토마토를 올리브 오일에 담가 숙성시키면 소스나 드레싱처럼 요리에 활용할 수 있습니다.

INGREDIENT (500ml 병 1개 분량)

방울토마토 … 40개
올리브 오일 … 400mL
마늘 … 5~6톨
생 바질 … 5~7잎

HOW TO MAKE

1
슬라이스한 방울토마토를 건조기에 말려 줍니다. 건조기 온도는 60도, 시간은 12시간.

TIP. 오븐에서 말리기
건조기가 없다면 오븐에서도 말릴 수 있습니다. 온도는 90도 설정하고 3~4시간 구워줍니다. 타지 않게 수시로 체크!

2
말린 토마토와 마늘을 병에 넣고 올리브 오일을 부어줍니다.

3
바질 잎을 더하고 뚜껑을 닫아 서늘한 곳에서 7일 숙성시켜줍니다.

드라이토마토 올리브 절임 맛있게 먹기!

1. 알리오 올리오 파스타 해서 먹기
2. 믹서에 갈아 잼처럼 빵에 발라 먹기
3. 샐러드에 넣어 먹기

COOKING 9

알록달록 눈으로 즐기는

방울토마토 키슈

방울토마토의 변신은 무죄! 프랑스의 어느 가정집에 와 있는 기분을 만끽할 수 있는 메뉴입니다.
필링 재료는 방울토마토 외에 버섯이나 시금치 등 좋아하는 채소를 듬뿍 넣고
기호에 따라 굽기 전에 모차렐라 치즈를 뿌려주면 더욱 맛있게 먹을 수 있습니다.

INGREDIENT (지름 20cm 원형 팬 1개 분량)

필링 재료
- 방울토마토 … 25개
- 소시지 … 2개
- 양파 … 1개
- 루꼴라 잎 약간

크림 재료
- 달걀 … 2개
- 파마산 치즈 … 50g
- 생크림 … 150mL
- 소금, 후추 약간

파이지 재료
- 박력분 … 100g
- 달걀노른자 … 1개
- 찬물 … 40g
- 중력분 … 50g
- 차가운 버터 … 75g
- 소금, 후추 약간

HOW TO MAKE

1

2

3

파이지 만들기
밀가루에 잘게 썬 버터를 넣고 손으로 비벼 고슬고슬하게 만든 다음 나머지 재료를 넣고 반죽 후 한 덩어리로 만들어 랩으로 싸서 냉장고에 1시간 휴지시킵니다. 반죽을 밀대로 밀어 틀에 넣어 주고 포크로 바닥에 구멍을 내줍니다.

충전물 채우기
슬라이스한 양파는 미리 볶아주고 파이지 위에 올립니다. 크림을 붓고 소시지, 바질, 루꼴라, 방울토마토를 올려줍니다.

굽기
200도로 예열한 오븐에 20~30분 정도 구워줍니다.

다 익었는지 확인하는 방법!
이쑤시개나 꼬치 등으로 찔러보아 달걀물이 묻어나오지 않으면 OK 아직 덜 익었다면 오븐에 다시 넣고 몇 분 더 구워줍니다.

COOKING 10

나들이 도시락으로 딱 좋은

치아바타 샌드위치

구수하고 쫄깃한 빵 치아바타에 텃밭에서 갓 수확한 베이비채소를 듬뿍 넣어 만든 샌드위치!
귀여운 픽도 꽂아주고 상큼한 과일까지 곁들여주면 근사한 브런치 한 접시가 완성됩니다.

INGREDIENT (2인분)

치아바타 … 2개 베이비채소 약간
머스터드 소스 … 2T 슬라이스 햄 … 4장
슬라이스 양파 … 4개 슬라이스 고다치즈 … 4장

드레싱

발사믹 식초 … 1T 올리브 오일 … 1T

HOW TO MAKE

1

베이비채소에 드레싱 뿌리기
발사믹 식초와 올리브 오일을 1:1 비율로 섞어 베이비채소에 드레싱으로 뿌려줍니다.

2

빵 속에 재료 넣기
치아바타를 반으로 갈라 머스터드 소스를 바르고 슬라이스한 햄, 양파, 고다치즈를 차례로 올려줍니다.

3

마무리
베이비채소를 올리고 빵을 살포시 눌러줍니다.

COOKING 11

아삭아삭 베이비채소 듬뿍 올린

히야시 소바

더운 여름에 별미인 일본식 냉국수! 다소 심심할 수 있는 메밀국수에
고소한 차돌박이와 아삭아삭한 베이비채소를 더해 맛을 살렸습니다.
조리과정이 어렵지 않아 누구나 만들 수 있으며 건강한 한 끼를 챙길 수 있습니다.

INGREDIENT (2인분)

베이비채소 … 80g
메밀면 … 200g
차돌박이 … 120g
참기름, 참깨 약간

소스
멘츠유 … 3T   물 … 200mL

HOW TO MAKE

1
면 삶기
끓는 물에 메밀면을 넣고 삶은 뒤, 얼음물에 씻어 채반에 걸쳐 물기를 뺍니다.

2
고기 굽기
차돌박이를 팬에 살짝 구워주고, 참깨와 참기름을 약간 뿌려줍니다.

3
그릇에 담기
그릇에 면을 담고 베이비채소, 차돌박이를 차례로 올리고 소스를 부어줍니다.

TIP. 멘츠유는 대형마트에서 쉽게 구할 수 있습니다.

COOKING 12

파프리카 요리1

한 끼 다이어트 식사로 상큼한

파프리카 샐러드

파프리카는 조리하지 않고 생으로 먹어야 아삭아삭한 식감이 살아나 더 먹기 좋습니다.
베란다 텃밭에서 수확한 상큼한 파프리카와 함께 다른 잎채소들을 넣으면
건강하면서도 맛있는 파프리카 샐러드 한 접시가 완성됩니다.

INGREDIENT (1인분)

상추 … 5장   적근대 … 5장
파프리카 … 1개   블랙 올리브 … 3~4알
파마산 치즈가루 약간   삶은 달걀 … 1개

드레싱

발사믹 글레이즈 … 1T   유자청 … 1T

HOW TO MAKE

1 채소 썰기
채소와 블랙 올리브는 먹기 좋은 크기로 썰어줍니다.

2 채소 더하기
그릇에 채소를 담아주고 적당히 섞어줍니다. 삶은 달걀 1개를 4등분하여 넣어줍니다.

3 드레싱 뿌리기
슬라이스한 블랙 올리브와 파마산 치즈가루를 더해줍니다. 드레싱으로는 발사믹 글레이즈와 유자청을 뿌려줍니다.

COOKING 13

아삭아삭한 식감의 채소 듬뿍

파프리카 월남쌈

생동감 있고 컬러풀한 색의 향연이 펼쳐지는 파프리카 월남쌈은 입보다 눈이 더 즐거운 요리입니다.
채소가 주를 이루기 때문에 비타민을 듬뿍 섭취할 수 있고,
칼로리가 낮아 다이어트식 한 끼로 충분합니다.

INGREDIENT (2인분)

- 삶은 칵테일새우 ··· 100g
- 월남쌈 소스 약간
- 적양파 ··· 1/4개
- 파프리카 ··· 색깔별로 1/2개씩 (미리 채썰기)
- 피망 ··· 1/2개 (미리 채썰기)
- 라이스 페이퍼 10장
- 맛살 ··· 3줄

HOW TO MAKE

1

라이스 페이퍼 준비
라이스 페이퍼는 미지근한 물에 잠깐 담갔다가 바로 빼줍니다.

2

재료 넣기
접시 위에 라이스 페이퍼를 놓고 채썬 파프리카와 나머지 재료를 올려놓습니다.

3

싸기
라이스 페이퍼로 재료를 잘 감싸서 말아줍니다.

COOKING 14

 국민 쌈채소의 색다른 변신!

병아리콩 상추 샐러드

베란다 텃밭에서 매일 조금씩 수확할 수 있는 상추,
매번 쌈으로 싸서 먹기보다는 다양한 요리를 해보는 것은 어떨까요?
특히 채식하거나 다이어트를 하고 있다면 추천하는 병아리콩 상추 샐러드!
상추와 토마토로 비타민과 미네랄도 챙기고, 단백질이 풍부한 병아리콩을 더해 포만감을 느낄 수 있습니다.

INGREDIENT (2인분)

병아리콩 … 100g   상추 8~10장
방울토마토 … 5~7개

드레싱

올리브 오일 … 2T
레몬즙 … 1T   꿀 … 1t
후추 소금 약간

HOW TO MAKE

1

콩 삶기
병아리콩은 반나절 물에 미리 불려두고 끓는 물에 넣어 20분 정도 삶아줍니다. 삶은 다음에는 찬물에 헹구고 물기를 빼줍니다.

2

재료 더하기
상추와 방울토마토는 먹기 좋게 잘게 썰고 콩과 함께 볼에 담습니다.

3

드레싱 뿌리기
드레싱을 뿌리고 잘 섞어줍니다.

브런치 한 접시 근사하게 세팅하는 법!
그릴 소시지와 삶은 달걀을 같이 샐러드를 플레이트에 놓아주면 맛도 영양도 모양도 업그레이드된 브런치 한 접시가 완성됩니다.

COOKING 15

간단하면서도 맛있게 먹을 수 있는

상추 마요 덮밥

집에 찬거리가 별로 없는데 배가 출출할 때 제가 자주 해 먹는 한 그릇 요리입니다.
요리하기는 귀찮은데 맛있는 게 먹고 싶은 혼밥족에게 추천하는 상추 마요 덮밥!
상추는 기다란 화분에 한 번 심어 놓으면 계속 수확이 가능하고,
덮밥이나 비빔밥, 샐러드 등 간단한 요리를 할 수 있어서 좋습니다.

INGREDIENT (1인분)

달걀 … 1개(스크램블)
참치 캔 … 3T
야끼소바 소스 약간
로메인 상추 4~5장
흰밥 1공기
마요네즈 약간

HOW TO MAKE

1 밥 담기
고슬고슬하게 지은 흰 쌀밥을 그릇에 담아줍니다.

2 재료 올리기
상추는 잘게 썰고 밥 위에 상추, 스크램블, 참치 순으로 올려줍니다.

3 소스 뿌리기
야끼소바 소스와 마요네즈를 소량 뿌려줍니다.

COOKING 16

너무 귀여워 먹기 아까운

블루베리 미니 케이크

베란다 텃밭에서 소중하게 키워 상큼하고 그냥 먹기엔 아까운 블루베리를 장식해 만든 미니 케이크입니다.
가로수길 유명한 디저트 카페처럼 블루베리로 집에서도 손쉽게 근사한 케이크를 만들어 봅시다.
만들기 복잡하고 어려운 케이크 시트는 시판용 카스텔라로 대체하였습니다.

INGREDIENT (2인분)

카스텔라 … 1개
생크림 … 200mL
마스카포네 크림치즈 … 250g
생 블루베리 … 20~30개
블루베리 잼 약간
장식용 애플민트 잎 약간

HOW TO MAKE

1

크림 만들기
생크림을 핸드믹서로 휘핑하여 부드러운 뿔이 생기는 상태로 만들고 실온에 30분 이상 둡니다. 이렇게 만든 크림치즈를 부드럽게 풀어 블루베리 잼, 생크림과 함께 섞어줍니다. 모양깍지를 끼운 짤주머니에 크림을 담아 놓습니다.

2

카스텔라 자르기
3등분으로 슬라이스 한 카스텔라에 원형 커터를 찍어 동그란 모양을 만들어 줍니다.

3

크림 짜기
원형 카스텔라 위에 크림을 짜고 블루베리를 더합니다.

4

장식하기
카스텔라를 한 장 덮고 그 위에도 층층이 크림을 짠 후 블루베리를 올려줍니다. 애플민트 잎으로 마무리 장식을 해줍니다.

COOKING 17

애플민트 요리

과즙이 풍부한

무알콜 자몽 모히토

초여름이면 폭풍 성장하는 애플민트 덕분에 매일 즐거워집니다.
좋아하는 모히토를 직접 만들어 마실 수 있기 때문이죠.
보통 모히토는 라임즙만 들어가지만 이번 레시피는 색다르게 자몽즙을 넣어보았습니다.
자몽 특유의 쌉쌀함과 청량한 애플민트 향이 더해져 싱그러운 모히토가 완성됩니다.

INGREDIENT (2인분)

자몽즙 … 200mL
시럽 약간
라임 조각 … 3개
라임즙 … 30mL
애플민트 생잎 … 2~3줄기
얼음 … 12~14개

HOW TO MAKE

1

얼음 넣기
글라스에 얼음을 채우고, 라임 조각을 넣어줍니다.

2

과일즙 더하기
자몽즙에 라임즙과 시럽을 약간 넣은 후 글라스에 부어줍니다.

3

허브 더하기
애플민트 2~3줄기를 넣고 수저 등으로 살짝 으깨줍니다.

TIP. 알코올이 들어간 칵테일로 즐기고 싶다면 화이트 럼주를 30~40mL 추가합니다.

Part 06

...

4계절 내내
베란다 정원 감성 더하기

라넌큘러스 꽃꽂이
비올라 압화 핸드폰 케이스
프리저브드 식물 액자 만들기
애플민트 허브 물꽂이
드라이플라워 만들기
소이캔들 만들기
율마 크리스마스 트리

DECORATION 1

봄, 꽃을 더 오래 감상할 수 있는

라넌큘러스 꽃꽂이

이른 봄, 아직 날씨가 쌀쌀할 때지만 햇빛을 듬뿍 받으면서 베란다 정원에서 자란 라넌큘러스는
누가 더 예쁘냐고 자랑하듯이 풍성하게 화분을 가득 채워주어 눈과 마음을 즐겁게 해줍니다.
수천 겹의 꽃잎을 화려하게 펼치는 라넌큘러스를 베란다 정원에서만 감상하기에 조금 아쉬운 마음이 든다면
집안 실내에서도 일찍 찾아온 봄을 즐기도록, 미니 화병에 라넌큘러스를 꽂아주면
꽃 한 송이만으로 집안에 생기를 불러오는 마법과 같은 효과를 기대할 수 있습니다.

― 꽃꽂이하기

1
소독한 원예 가위로 라넌큘러스 줄기를 하나 잘라줍니다. 약간 사선으로 줄기를 잘라주어야 나중에 물 올림이 좋습니다.

2
물에 닿을 가지 부분에 붙어 있는 잎사귀는 떼어줍니다. 물이 잎에 들어가면 물이 오염되어 꽃이 빨리 시들게 됩니다.

3
미니 화병에 미지근한 물을 1/3 정도 채워줍니다.

4
화병에 라넌큘러스를 비스듬히 꽂아줍니다. 물은 매일 갈아주며, 락스를 한 방울 더하면 균 억제 효과가 있습니다.

이른 봄, 강렬한 레드 컬러의 라넌큘러스를 테이블에 올려두는 것만으로도
평범했던 일상이 특별해지고 추위에 꽁꽁 얼었던 몸과 마음이 따뜻해집니다.

DECORATION 2

봄, 소녀 감성 가득

비올라 압화 핸드폰 케이스

꽃을 사랑하는 나비 한 마리가 살포시 왔다가 떠나지 못하고 그대로 꽃과 하나가 된 것 같은 모습의 비올라.
어릴 때 집 앞 화단에 활짝 핀 비올라 꽃이 정말 앙증맞고 예뻐서
좋아하는 친구에게 한 웅큼 뽑아 엄마 몰래 주려다가 들켜 혼이 났던 기억이 있습니다.
지금도 날이 좋은 어느 봄날, 길가에 흐드러지게 핀 비올라 꽃을 보면 그때 생각이 나서 웃음을 짓곤 합니다.
그런 소녀같은 앳된 감성을 고이 간직하고 싶어
직접 비올라 압화를 만들어 핸드폰 케이스를 장식해보았습니다.

ー 압화 핸드폰 케이스 만드는 방법

준비물
꽃송이 여러 개, 티슈페이퍼 2장, 두꺼운 책, 투명 핸드폰 케이스,
레진 약간(주제, 경화제), 압화 전용 핀셋, 붓, 반짝이 가루 소량

1
활짝 핀 꽃을 수확합니다.

2
두꺼운 책 중간을 펼쳐 티슈페이퍼 1장을 놓고 비올라 꽃과 다른 종류의 꽃을 여러 가지 올려줍니다.

3

꽃 위로 티슈페이퍼 1장을 올리고 책을 덮어 줍니다. 책 위에 무거운 책들을 겹겹이 올리고 3일 정도 놓아 둡니다.

4

3일 후 꽃의 수분이 날아가고 판판하게 잘 눌려 있으면 압화가 완성된 것입니다.

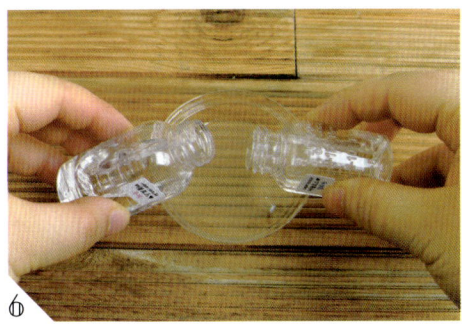

5

디자인을 미리 구상하여 깨끗한 종이에 압화를 올려놓습니다. 압화를 집을 때는 전용 핀셋을 사용해야 작업을 수월하게 할 수 있습니다.

6

빈 용기에 주제 2g에 경화제 1g의 비율로 넣고 잘 섞어줍니다.

7

붓으로 투명 핸드폰 케이스 전체에 레진을 발라줍니다.

8

핀셋으로 압화를 집어 하나씩 차근차근 붙여줍니다.

9

처음 구상했던 대로 디자인이 마무리되었으면 꽃 위로 레진을 덧발라줍니다.

10

레진이 잘 굳을 수 있도록 24시간 동안 말려줍니다.

압화 만들기 좋은 꽃

비올라, 스위트피, 수국, 안개꽃, 감국, 락스퍼, 로베리아, 데이지, 마가렛, 레이스플라워, 버베나, 조팝 등

DECORATION 3

여름, 열대우림 속 싱그러움 그대로
프리저브드 식물 액자 만들기

푹푹 찌는 더운 여름, 그냥 보고만 있어도 시원한 열대우림 속에 와 있는 듯한
청량한 느낌으로 인테리어를 바꾸는 팁!
풋풋한 초록색을 그대로 담은 프리저브드 식물 액자를 테이블에 장식해 봅니다.
비싼 프리저브드 잎을 구매하지 않아도 간단한 보존처리 방법을 통해 직접 만들 수 있습니다.
한번 용액 처리된 프리저브드는 1~2년 정도는 잎의 색이 바래지 않고 그대로 초록색이 유지됩니다.

▬ 식물 투명 액자 만들기

준비물
식물 잎사귀 소량, 글리세린, 아크릴판 2장, 접착제, 블랙 마스킹테이프, 물, 넓은 용기, 키친타올

1
화분에 심어진 식물의 잎을 가위로 잘라 몇 장 준비합니다. (사진은 고사리잎)

2
식물의 잎보다 넓고 평평한 용기에 미지근한 물과 글리세린을 2:1 비율로 넣어주고 잘 섞어줍니다. 물은 용기 바닥에서 3cm 정도 높이로 채웁니다.

3

잎을 평평하게 해서 용액에 담그고 무거운 그릇 등을 올려 잎이 용액 위로 떠오르지 않게 푹 잠기게 해줍니다.

4

3일 뒤에 잎사귀를 용액에서 꺼내 키친타올로 눌러 물기를 제거해줍니다.

5

잎사귀 뒷면에 접착제를 군데군데 살짝 바른 후, 투명 아크릴판 1장에 붙여줍니다.

TIP. 접착제를 잎에 바를 때는 면봉을 이용해 조금만 발라야 나중에 붙였을 때 잎 바깥으로 접착제가 묻어나오지 않습니다.

6

식물이 붙여진 아크릴판 위로 나머지 아크릴판 1장을 덮어주고 아크릴판 테두리 부분을 마스킹테이프로 붙여줍니다.

7

완성된 모습

DECORATION 4

여름, 상큼함을 느끼고 싶다면
애플민트 허브 물꽂이

물꽂이로 뿌리를 내려 흙에 옮겨 심어 화분을 늘릴 수도 있고,
집 안 구석구석 싱그러운 식물 인테리어 효과를 누릴 수 있는 1석 2조의 방법!
허브 물꽂이는 원하는 허브 가지를 툭툭 잘라 예쁜 유리병에 꽂기만 하면 됩니다.

▼ 허브 물꽂이하는 법

1
튼튼한 가지를 하나 잘라줍니다(가위는 알코올로 소독하여 사용합니다).

2
물에 들어가는 부분의 잎은 떼어줍니다. 잎을 떼지 않고 그냥 물에 넣으면 금방 물이 오염됩니다.

3
유리병에 물을 붓고 가지를 넣어줍니다. 해가 잘 드는 장소에 유리병을 두고 물은 매일 갈아줍니다.

DECORATION 5

가을, 꽃의 모습을 오래오래 간직하는
드라이플라워 만들기

건조하고 통풍이 잘되는 장소에서 천일홍 가지를 다발로 묶어 거꾸로 매달아 말리는
간편한 방법도 있지만, 가지를 하나씩 벽에 붙이면 꽃이 마르는 동안
분위기 있는 인테리어 효과를 낼 수 있습니다.

— 자연건조법을 이용하여 천일홍 말리기

준비물
천일홍 가지 몇 개, 디자인 마스킹테이프, 원예 가위

1
천일홍 가지에서 불필요한 잎들은 떼어 줍니다.

2
마스킹테이프로 천일홍 가지를 방 벽에 붙여줍니다.

3
천일홍의 위치를 다르게 하여 여러 개 붙여주고 2주 정도 말려줍니다.

TIP. 천일홍 외에 다른 드라이플라워도 함께 붙이면 더욱 멋스럽습니다.

인공건조법을 이용하여 유칼립투스 말리기

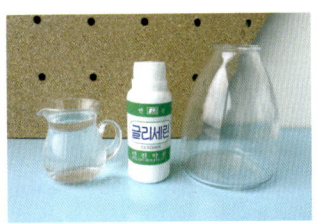

준비물

물, 글리세린, 글라스 용기

1

용액에 담기는 줄기 부분에 있는 자잘한 가지를 잘라주고 줄기 끝은 사선으로 잘라줍니다.

2

용기에 따뜻한 물을 붓고 1:1 비율로 글리세린을 넣어 잘 섞어줍니다.

3

유칼립투스 가지를 병에 꽂아줍니다.

4

통풍이 잘되는 그늘에서 2~3주 동안 건조해줍니다.

DECORATION 6

가을, 말린 꽃으로 장식한
소이캔들 만들기

초를 켠 후 녹아내린 왁스 위로 꽃들이 둥둥 떠다니는 모습과
방안에 가득 퍼진 향기로 마치 꽃들이 흐드러지게 피어 있는 동산에 와 있는 것 같은 착각에 빠지게 합니다.
베란다 텃밭에서 직접 키운 유기농 꽃을 말려 캔들에 장식하니 모양도 예쁘고 꽃을 오래도록 즐길 수 있어서
더욱 좋습니다. 소이캔들은 밤에 자기 전에 잠깐 1~2시간씩 켜 놓고 나면 밤에 잠도 무척 잘 오고
하루 동안 아로마 테라피 효과를 볼 수 있습니다.

소이캔들 만들기

준비물
캔들 용기 7온스, 소이왁스 160g, 심지, 심지 탭, 심지 스티커,
향 오일 혹은 에센셜 오일 10mL

도구
온도계, 종이컵, 나무젓가락(핫플레이트, 스탠비커, 시약스푼), 핀셋, 심지가위

드라이플라워
천일홍, 미스티 블루, 골든볼, 유칼립투스 구니

1 심지 준비
우드 심지를 고정핀에 꽂아줍니다. 그리고 고정핀 바닥에 심지 스티커를 붙여주세요. 심지 스티커가 없으면 글루건으로 붙여줍니다. 심지를 고정시키지 않으면 왁스를 부으면서 심지 위치가 달라질 수 있습니다.

2 심지 부착
심지 스티커를 붙인 우드 심지를 캔들 용기 바닥 정 가운데에 딱 붙여줍니다.

왁스 녹이기

두꺼운 종이컵(테이크아웃 종이컵)에 소이왁스를 넣고 전자레인지에 데워줍니다. 40~50초 간격으로 2~3번 나누어 왁스가 녹을 때까지 데워주세요. 한 번에 돌리면 종이컵이 탈 수 있으니 조심합니다. 스텐비커와 핫플레이트가 있다면 도구를 사용해서 왁스를 녹이면 됩니다.

향 넣기

녹인 왁스의 온도가 60도가 되도록 나무젓가락으로 저어줍니다. 60도가 되면 향 오일 혹은 에센셜 오일을 넣어줍니다. 향 오일은 왁스 양의 5~7% 정도가 적당합니다. 너무 많이 넣으면 나중에 초를 태웠을 때 향이 강하게 퍼질 수 있으니 되도록 비율을 지켜줍니다.

섞기

소이왁스와 향 오일이 잘 섞일 수 있도록 나무젓가락으로 저어줍니다. 이 작업을 소홀히 하면 나중에 캔들 표면이 푹 패이거나 구멍이 생겨 울퉁불퉁 하는 등 매끄럽지 않게 나올 수 있습니다.

온도체크

왁스 온도가 50도가 되는 것을 확인합니다. 50도가 용기에 붓기 적당한 온도입니다.

7

용기에 왁스 붓기

캔들 용기에 왁스를 멈추지 않고 천천히 부어줍니다. 왁스를 붓는 방향을 다르게 하지 않고 같은 자리에서 계속 부어주세요.

8

왁스 굳히기

왁스를 굳히는 동안은 캔들 용기를 움직이지 않습니다. 그리고 급격하게 온도가 변하지 않도록 같은 온도를 유지해줍니다. 왁스가 굳는 시간은 실온과 용기의 용량에 따라 달라집니다. 7온스의 글라스의 경우 20~30분 정도면 굳습니다.

9

드라이플라워 장식하기

드라이플라워의 경우 왁스가 다 굳기 전에 장식해야 합니다. 왁스가 가장자리부터 불투명하게 굳어지면 작업을 합니다. 왁스가 하나도 굳지 않은 상태에서 드라이플라워를 놓으면 무게 때문에 가라앉아 나중에 굳었을 때 원하는 모양이 나오지 않을 수 있습니다.

10

왁스 굳히기

용기를 움직이지 않고 그대로 두면서 왁스가 완전하게 굳어 하얀색으로 변할 때까지 기다립니다(1~2시간 소요).

심지 자르기

왁스가 완전하게 굳으면 3~5mm만 남기고 심지를 잘라줍니다. 일반 가위보다는 심지 가위를 이용하면 더 깔끔하게 자를 수 있습니다. 심지를 너무 길게 남기거나 너무 짧게 남기면 나중에 초를 태울 때 불이 오래가지 않거나 캔들 중앙 부분만 녹을 수 있습니다.

245 × 소이캔들 만들기

DECORATION 7

겨울, 작지만 연말 느낌 물씬 나는

율마 크리스마스 트리

매년 크리스마스가 가까워지면 올해는 트리를 사야 하나 고민하게 됩니다.
하지만 집에서 키우던 식물을 간단하게 꾸며 소소하게 즐기는 방법도 있습니다.
특히 트리 대용으로 사용하기 좋은 식물은 율마인데, 작은 율마를 예쁜 화분에 옮겨 심어 장식을 1~2가지 달아주고
조명을 켜는 것만으로도 트리 느낌을 내줍니다. 작은 화분이기 때문에 해가 잘 드는 거실이나 방 창문 등
여기저기 놓을 수 있어, 장식을 조금씩 다르게 하여 집안 곳곳에 트리를 놓아
크리스마스 분위기를 만끽할 수 있습니다.

율마 트리 만들기

1

율마를 빨간색 화분에 분갈이해줍니다.

2

빨간색 펠트로 리본을 만들어 줍니다.

3

낚싯줄을 이용해 율마에 리본을 걸어줍니다.

4

크리스마스 전구를 율마에 휘감아 줍니다.